Fälle
Schuldrecht AT

2017

Frank Müller
Rechtsanwalt und Repetitor

ALPMANN UND SCHMIDT Juristische Lehrgänge Verlagsges. mbH & Co. KG
48143 Münster, Alter Fischmarkt 8, 48001 Postfach 1169, Telefon (0251) 98109-0
AS-Online: www.alpmann-schmidt.de

Müller, Frank

Fälle

Schuldrecht AT

7. Auflage 2017

ISBN: 978-3-86752-552-7

Verlag Alpmann und Schmidt Juristische Lehrgänge
Verlagsgesellschaft mbH & Co. KG, Münster

Unterstützen Sie uns bei der Weiterentwicklung unserer Produkte.
Wir freuen uns über Anregungen, Wünsche, Lob oder Kritik an:
feedback@alpmann-schmidt.de

Benutzerhinweise

Die Reihe „Fälle" ermöglicht sowohl den Einstieg als auch die Wiederholung des jeweiligen Rechtsgebiets anhand von Klausurfällen. Denn unser Gehirn kann konkrete Sachverhalte besser speichern als abstrakte Formeln.

Ferner erfordern Prüfungsaufgaben regelmäßig das Lösen von konkreten Fällen. Hier muss dann der Kandidat beweisen, dass er das Erlernte auf den konkreten Fall anwenden kann und die spezifischen Probleme des Falles entdeckt. Außerdem muss er zeigen, dass er die richtige Mischung zwischen Gutachten- und Urteilsstil beherrscht und an den Problemstellen überzeugend argumentieren kann. Während des Studiums besteht die Gefahr, dass man zu abstrakt lernt, sich verzettelt und letztlich gänzlich den Überblick über das wirklich Wichtige verliert.

Nutzen Sie die jahrzehntelange Erfahrung unseres Repetitoriums. Seit mehr als 60 Jahren wenden wir konsequent die Fallmethode an. Denn ein **prüfungsorientiertes Lernen** muss „hart am Fall" ansetzen. Schließlich sollen Sie keine Aufsätze oder Dissertationen schreiben, sondern eine überzeugende Lösung des konkret gestellten Falles abgeben. Da wir nicht nur Skripten herausgeben, sondern auch in mündlichen Kursen Studierende ausbilden, wissen wir aus der täglichen Praxis, „wo der Schuh drückt".

Die Lösung der „Fälle" ist kompakt und vermeidet – so wie es in einer Klausurlösung auch sein soll – überflüssigen, dogmatischen „Ballast". Die Lösungen sind, wie es gute Klausurlösungen erfordern, komplett durchgegliedert und im Gutachtenstil ausformuliert, wobei die unproblematischen Stellen unter Beachtung des Urteilsstils kurz ausfallen.

Beispiele für die Gewichtung der **Punktvergabe** in einer Semesterabschlussklausur finden Sie hier:

goo.gl/uXJx4p

goo.gl/E0KMJX

goo.gl/LmdtkF

Wir vermitteln hier die Klausuranwendung. Die Reihe „Fälle" **ersetzt nicht die Erarbeitung der gesamten Rechtsmaterie** und ihrer Struktur. Übergreifende Aufbauschemata für das gesamte Öffentliche Recht finden Sie in unserem „Aufbauschemata Öffentliches Recht". Ferner empfehlen wir Ihnen zur Erarbeitung der jeweiligen Rechtsmaterie unsere Reihe „Basiswissen". Mit dieser Reihe gelingt Ihnen der erfolgreiche Start ins jeweilige Rechtsgebiet: verständlich dargestellt und durch zahlreiche Beispiele, Übersichten und Aufbauschemata anschaulich vermittelt. Eine darauf aufbauende Darstellung des Stoffes auf Examensniveau liefert unsere Reihe „Skripten". Sofern die RÜ zitiert wird, handelt es sich um unsere Zeitschrift „RechtsprechungsÜbersicht", in der monatlich aktuelle, examensverdächtige Fälle gutachterlich gelöst erscheinen.

Viel Erfolg!

Klausurtechnik und -taktik

A. Oberste Klausurregel

„Ruhe bewahren – Sinne schärfen – Konzentration hochhalten“

B. Technischer Ablauf:

Der technische Ablauf einer Klausur besteht optimalerweise aus vier Akten:

1. Akt:	Vollständiges Erfassen des Sachverhalts
2. Akt:	Erstellen einer vollständigen Lösungsskizze (Gliederung)
3. Akt:	Niederschrift des Gutachtens
4. Akt:	Durchlesen der eigenen Lösung und „feilen“ an Lösung

C. Die Klausurbearbeitung

I. Sachverhalt aufbereiten

- Den Sachverhalt sorgfältig mindestens **zwei- bis dreimal vollständig lesen.**
- **Sachverhaltsskizze und/oder Zeitstrahl** erstellen.
- Dabei auf gesondertem Blatt die ersten Ideen („§§ ..., konkludente Anfechtungserklärung, leichte Fahrlässigkeit“ etc.) notieren.

⇨ **Klausurtipp:** Die ersten Ideen sind häufig die besten!

II. Fragestellung erarbeiten

Die Fragestellung („Fallfrage“) muss genau herausgearbeitet und bei der Lösung stets beachtet werden. Sie gibt den Prüfungskatalog vor, zu dem insbesondere gehört:

- Aufgliederung nach Sachverhaltsteilen, Personen und erfragten Rechtsfolgen;
- Interessengegensätze herausfinden; worum geht es in dem Fall bzw. zwischen den Parteien?
- Dabei die W-Fragen beachten: Wer-will-was-von-wem-woraus?

III. Fall rechtlich durchdringen

Die rechtliche Durchdringung des Falles und die Erstellung der Lösungsskizze vollziehen sich in **zwei Phasen:**

1. Brainstorming (kreative Phase)

- Auffinden und Ordnen der fallverdächtigen Rechtsnormen.
- Alle Gesetze – auch wenn hinlänglich bekannt – lesen, um nichts zu vergessen.

⇨ **Klausurtipp: Auch immer „zwei §§ davor und zwei dahinter prüfen“!!!**

2. Disziplinierte Prüfung (Arbeitsphase)

- Saubere Prüfung der für lösungsrelevant erkannten Rechtsnormen

IV. Der Sachverhalt ist mitteilsam und heilig!!!

1. Eine Klausurlösung muss einen „roten Faden" haben, d.h. die Lösung muss schlüssig aufgebaut sein. Ein Teil muss sich aus dem anderen ergeben. Wenn es bei der Lösung nicht richtig weitergeht, dürfen Sie den Sachverhalt nicht dem gewünschten Ergebnis anpassen, sondern müssen Ihren eigenen Lösungsansatz überprüfen.

2. **Ausnahmen:**

   - Im Sachverhalt **nicht genannte Formalien** dürfen als gegeben angenommen werden (z.B. formgerechte Klageerhebung).
   - Bei Lücken im Sachverhalt ist eine **lebensnahe Auslegung** erlaubt; aber nur, wenn sie für die Lösung auch wirklich erforderlich ist. Anderenfalls müssen Sie nach den Regeln der **Beweislast** den Sachverhalt ergänzen (z.B. nach § 280 Abs. 1 S. 2 BGB ein Vertretenmüssen, soweit keine Exkulpation vorliegt).
   - An **Rechtsansichten der Beteiligten** ist man nicht gebunden, vielmehr können sie ein Tipp des Klausurstellers, aber auch eine Falle sein! Jedenfalls können Sie die Rechtsansichten als Hinweis auf die Prüfungspunkte ansehen, mit denen Sie sich auseinandersetzen sollen.

V. Schwerpunktbildung

1. Bei der Anfertigung der Skizze sollten Sie bereits darauf achten, dass Sie problemorientiert prüfen, d.h. Unproblematisches kurz halten und die **Schwerpunkte** vertieft prüfen. Kennzeichnen Sie diese Bereiche farblich oder mit einem „P", damit Sie diese Abschnitte auch in der Reinschrift ausführlich darstellen.
2. Sortieren Sie als abwegig erkanntes direkt aus.

Merke: Immer kritikfähig in Bezug auf die eigene Lösung bleiben!!!

VI. Prüfungsreihenfolge

1. **Reihenfolge der Ansprüche**

   - Primäranspruch vor Sekundäranspruch prüfen
   - Vertragliche vor gesetzlichen Ansprüchen, etc. prüfen

2. **Spezialnormen vor Generalnormen** (Gewährleistungsrecht ist bei Sach- oder Rechtsmängeln spezieller und verdrängt den Generaltatbestand des § 280 Abs. 1 BGB)

3. **Logische Vorränge** beachten.

   - Verfahrensrechtliche Vorränge beachten (Zulässigkeit vor Begründetheit einer Klage).
   - §§ 987 ff. BGB schließen §§ 812 ff., 823 ff. BGB (grundsätzlich) wegen § 993 Abs. 1 Hs. 2 BGB (Sperrwirkung des EBV) aus!

4. **Konkrete Prüfungsaufhänger** suchen.

   - Keine abstrakten Erörterungen, sondern Probleme stets konkret am Tatbestandsmerkmal erörtern.

VII. Handwerkliches Können bei der Erstellung der Lösung

1. Bewahren Sie bei der **Subsumtion** immer den Pendelblick zwischen der zu prüfenden Norm, der Fragestellung, dem Sachverhalt und dem Gesetzestext. So vermeiden Sie abstrakte Erörterungen und verfügen stets über **konkrete Prüfungsaufhänger**.

2. Bezeichnen Sie die von Ihnen geprüfte **Norm** so **konkret** wie möglich (nicht „§ 812 BGB", sondern § 812 Abs. 1 S. 1 Var. 1 BGB) und prüfen Sie die Norm vollständig. Springen Sie auf keinen Fall unmittelbar auf das im konkreten Fall problematische Merkmal der Norm!

3. Halten Sie den **Gutachtenstil** ein! Bilden Sie einen Obersatz, definieren Sie das Merkmal und subsumieren Sie dann den konkreten Sachverhalt unter die Definition. Stellen Sie im Anschluss das (Zwischen-)Ergebnis fest („Somit ...").

   Vermeiden Sie dagegen weitgehend den Urteilsstil! Dieser zeichnet sich dadurch aus, dass das Ergebnis vorangestellt wird („Der Anspruch ist verjährt, weil..."). Nur völlig offensichtlich erfüllte Merkmale dürfen ausnahmsweise im Urteilsstil oder durch schlichte Feststellung bearbeitet werden. Gehen Sie aber sehr zurückhaltend mit dem Urteilsstil um!

4. Achten Sie auf eine **klare und geraffte Argumentation** („dafür/dagegen; zu folgen ist"). Vermeiden Sie langatmige Ausführungen, die nicht unmittelbar zur Lösung beitragen.

5. Stellen Sie **Meinungsstreite** nie isoliert, sondern nach vorheriger Herleitung aus dem Merkmal der Norm dar. Benennen Sie die jeweilige Auffassung und ihre wesentlichen Argumente und subsumieren Sie im Anschluss den konkreten Sachverhalt unter die jeweilige Meinung. Eine Entscheidung des Meinungsstreits mit eigenen Argumenten ist nur erforderlich, wenn beide Auffassungen zuvor zu unterschiedlichen Ergebnissen gelangen!

6. **Merkmale der geprüften Norm** dürfen Sie ausnahmsweise **offenlassen**, wenn die Norm wegen eines anderen, gleichrangigen Merkmals nicht erfüllt ist. Falls das ausgelassene Merkmal problembehaftet ist, sollten Sie das Problem aber kurz aufwerfen (nicht zwingend: auch entscheiden), um Problembewusstsein zu zeigen.

7. Verwenden Sie **Gliederungspunkte**. Nur so wird dem Prüfer klar, dass Sie die Systematik der Norm und damit den Prüfungsaufbau beherrschen. Überschriften sind i.d.R. entbehrlich, sind aber dort gleichwohl hilfreich, wo sie die grobe Einteilung der Prüfung und damit die Struktur Ihrer Lösung verdeutlichen (z.B. „Ansprüche A gegen B" oder „Schadensersatzansprüche").

8. Bilden Sie **Schwerpunkte**! Stellen Sie die bereits in der Lösungsskizze als Schwerpunkt markierten Merkmale der Norm und die Subsumtion ausführlich dar. So können Sie dem Prüfer zeigen, dass Sie erkannt haben, wo die wesentlichen Punkte des Falles liegen. Unproblematisches müssen Sie hingegen kurz erörtern.

Das Ordnen der Anspruchsgrundlagen

Kommen innerhalb eines Zweipersonenverhältnisses für ein Anspruchsziel mehrere Anspruchsgrundlagen in Betracht, so ist die Einhaltung der nachstehenden Prüfungsreihenfolge aus Gründen der logischen Wechselwirkung und aus Konkurrenzfragen der einzelnen Normen zueinander geboten:

I. Vertragliche Ansprüche

- Setzen Vertragsschluss voraus (§§ 145 ff.*)
- Einteilung in: Primäransprüche (z.B. § 433 Abs. 1 und Abs. 2) und Sekundäransprüche (z.B. Schadensersatzansprüche gemäß §§ 280–283 aufgrund von vertraglichen Pflichtverletzungen)
- Können als spezielle Grundlage für Ansprüche Auswirkungen für alle anderen Ansprüche haben
  - Vertrag kann „Auftrag" i.S.d. §§ 677 ff. sein, GoA dann ausgeschlossen
  - Vertrag kann Besitzberechtigung i.S.d. § 986 bilden, dingliche Ansprüche aus EBV dann ausgeschlossen
  - Vertrag kann deliktischen Verschuldensmaßstab ändern
  - Vertrag kann als Rechtsgrund Ansprüche aus ungerechtfertigter Bereicherung ausschließen

II. Vertragsähnliche Ansprüche

- Erfordern keinen Vertrag, wirken aber ähnlich wie vertragliche Ansprüche (z.B. Schadensersatz wegen außervertraglicher Pflichtverletzung §§ 280 Abs. 1, 311 Abs. 2, 241 Abs. 2 [c.i.c.])
- Anspruch aus Geschäftsführung ohne Auftrag (GoA §§ 677 ff.) kann Besitzberechtigung i.S.d. § 986 bilden, die Rechtswidrigkeit im Rahmen der Deliktsprüfung entfallen lassen, den deliktischen Haftungsmaßstab beeinflussen (vgl. § 680) oder kann den Rechtsgrund i.S.d. §§ 812 ff. bilden

III. Dingliche Ansprüche (§§ 985 ff.)

- Dienen dem Schutz und der Verwirklichung dinglicher Rechte, z.B. Herausgabeanspruch des Eigentümers gemäß § 985, Schadensersatzansprüche aus EBV gemäß § 989 / § 990
- Schadensersatzansprüche des EBV (§§ 989 ff.) entfalten Sperrwirkung gegenüber dem Delikts- und Bereicherungsrecht (vgl. § 993 Abs. 1 letzter Hs.)

IV. Deliktische Ansprüche (§§ 823 ff.)

- Schutz des Einzelnen vor widerrechtlichen Eingriffen in seinen Rechtskreis, z.B. Schadensersatzanspruch gemäß § 823 Abs. 1

V. Bereicherungsrechtliche Ansprüche (§§ 812 ff.)

- Dienen der Rückgängigmachung ungerechtfertigter Vermögensverschiebungen, z.B. Rückabwicklungsansprüche aus einem nichtigen Kaufvertrag gemäß § 812 Abs. 1 S. 1 Var. 1

*§§ ohne Gesetzesangabe sind solche des BGB.

Deliktische und bereicherungsrechtliche Ansprüche beeinflussen sich nicht; sie können auch in umgekehrter Reihenfolge geprüft werden.

INHALTSVERZEICHNIS

1. Teil: Begründung von Schuldverhältnissen – Erfüllungsansprüche

Fall 1: Vertrag – Gefälligkeit

Die A und ihr Vater B beziehen jeweils ihren Lebensunterhalt dadurch, dass sie auf Flohmärkten Waren verkaufen. Als der Klein-Lkw der A repariert werden musste, gestattete B der A, ihren gesamten Warenbestand in seinem Lkw einzulagern. Als die A nach der Reparatur ihres Lkw Waren aus dem Lkw des B nahm, musste sie feststellen, dass diese feuchtigkeitsbedingt beschädigt waren. Der Gesamtschaden belief sich auf 8.000 €. Die Feststellungen zur Ursache ergaben, dass B bei Verschließen der Lkw-Tür versehentlich ein Kabel eingeklemmt hatte, sodass die Tür des Lkw zwar ordnungsgemäß verschlossen war, jedoch an der betreffenden Stelle Feuchtigkeit eindringen konnte. Infolge eines Gewitters in der darauffolgenden Nacht war es zu einem Platzregen gekommen, sodass erhebliche Wassermengen durch die undichte Stelle in den Lkw dringen konnten. Die A verlangt nunmehr von B Schadensersatz i.H.v. 8.000 €. B meint, er habe ihr doch nur einen Gefallen tun wollen. Ferner habe er das Kabel nicht bemerkt, da die Tür sich auch so habe schließen lassen. Hat A gegen B einen Anspruch auf Schadensersatz i.H.v. 8.000 €?

Aufsuchen von Schadensersatzansprüchen bei Leistungsstörungen:
1. Aus der konkreten Vertragsart (Schuldrecht BT)
2. Sonst: Schuldrecht AT, §§ 280 ff.[1]

A. A gegen B auf Schadensersatz i.H.v. 8.000 € aus § 280 Abs. 1

A könnte gegen B einen Anspruch auf Schadensersatz i.H.v. 8.000 € aus § 280 Abs. 1 haben.

I. Dann müsste zunächst ein **Schuldverhältnis i.S.v. § 311 Abs. 1** vorliegen.

1. Ein Schuldverhältnis entsteht gemäß § 311 Abs. 1 durch Vertrag. Hier kommt ein unentgeltlicher **Verwahrungsvertrag** zwischen A und B i.S.v. **§§ 688, 690** in Betracht.

Klausurtipp:
Mangels spezieller Anspruchsgrundlage im Verwahrungsrecht ist hier über Schuldrecht AT zu lösen.
Wäre die Ware vollständig zerstört und könnte deswegen nicht zurückgegeben werden, läge ein Fall der Unmöglichkeit vor. Dann wäre die Anspruchsgrundlage für Schadensersatz: § 280 Abs. 1, Abs. 3 i.V.m. § 283. Da lediglich eine Beschädigung der Ware vorliegt, kommt § 280 Abs. 1 in Betracht.

2. Andererseits könnte eine reine tatsächliche **Gefälligkeit** vorliegen, die keinerlei Schuldverhältnis begründet. Anerkannt ist, dass zwischen Vertrag und reiner Gefälligkeit auch ein sog. Gefälligkeitsverhältnis mit rechtsgeschäftlichem Gehalt liegen kann, das mangels Vertrags zwar keine Erfüllungsansprüche begründen kann. Jedoch begründet es gewisse Schutz- und Sorgfaltspflichten, bei deren Verletzung ein Schadensersatzanspruch aus § 280 Abs. 1 entsteht.[2]

a) Vorliegend würde ein Verwahrungsvertrag zwischen A und B i.S.v. §§ 688, 690 voraussetzen, dass Willenserklärungen, d.h. Erklärungen mit Rechtsbindungswillen, ausgetauscht wurden. Dies ist dann anzunehmen, wenn die Vertragsparteien ggf. einklagbare Ansprüche begründen wollen. Da hier A ihren gesamten Warenbestand eingelagert hatte, stand für sie die wirtschaftliche Existenz auf dem Spiel. Dass somit keine privaten Sachen eingelagert und die Beteiligten Unternehmer waren, spricht für das Vor-

1 §§ ohne Gesetzesangabe sind solche des BGB.
2 Palandt/Grüneberg, BGB, 76. Aufl. 2017, Einleitung vor § 241 Rn. 7–9.

Unterscheide:
1. Vertrag (falls unentgeltlich, auch Gefälligkeitsvertrag genannt):
- begründet Primär- und Sekundäransprüche
- daher Rechtsbindungswille erforderlich

2. Gefälligkeit mit rechtsgeschäftlichem Gehalt:
- begründet keinen Erfüllungsanspruch, aber falls durchgeführt, ist Sorgfalt geschuldet
- Indizien: Zweck, erkennbare Gefahren, wirtschaftliche Interessen

3. Rein alltägliche Gefälligkeit:
- begründet kein Schuldverhältnis mit Pflichten
- bei Verletzung allgemeiner Sorgfalt nur Haftung aus §§ 823 ff.

Klausurtipp:
Hätte man hier einen Verwahrungsvertrag abgelehnt, aber ein Gefälligkeitsverhältnis mit rechtsgeschäftlichem Gehalt angenommen, so wäre streitig, ob das Haftungsprivileg des § 690 analog heranzuziehen ist.

handensein eines Rechtsbindungswillens. Ob die Parteien ggf. einklagbare Ansprüche schaffen wollten, könnte aber zweifelhaft sein, weil es sich bei B um den Vater der A handelte. Einerseits könnte dann ein Gefälligkeitsverhältnis mit rechtsgeschäftlichem Gehalt vorliegen. Kriterien hierfür sind Art, Grund und Zweck der Gefälligkeit sowie die Interessenlage. Jedoch liegt eine echte vertragliche Bindung nahe, wenn der Begünstigte sich erkennbar auf die Zusage verlässt und für ihn erhebliche Werte auf dem Spiel stehen.[3]

b) Legt man hier diese Kriterien zugrunde, so tritt der Umstand der Vater-Tochter-Beziehung in den Hintergrund. Entscheidend waren vielmehr die unternehmerische Zusammenarbeit sowie das existenzielle Interesse der A. Wie die Vorschriften über den unentgeltlichen Verwahrungsvertrag, §§ 688, 690, zeigen, spricht auch der Umstand, dass B kein Entgelt verlangt hat, nicht gegen einen Vertrag. Somit ist von einem unentgeltlichen Verwahrungsvertrag, mithin von einem Schuldverhältnis i.S.v. § 280 Abs. 1, auszugehen.

II. Ein Schadensersatzanspruch aus § 280 Abs. 1 setzt weiter eine **Pflichtverletzung des B** voraus.

Zwar normiert § 688 lediglich die Verpflichtung des Verwahrers, die übergebene Sache aufzubewahren. Jedoch folgt aus §§ 241 Abs. 2, 242 die Pflicht, die Sachen so sorgfältig aufzubewahren, dass sie unbeschädigt zurückgegeben werden können. Dadurch, dass B die Lkw-Tür nicht ordnungsgemäß verschlossen hat, hat er gegen diese Schutz- und Sorgfaltspflicht verstoßen.

III. Ein **Vertretenmüssen des B wird vermutet**. Jedoch könnte sich B gemäß § 280 Abs. 1 S. 2 exkulpiert haben.

1. Da B die Aufbewahrung unentgeltlich übernommen hat, hat er **gemäß § 690 nur für diejenige Sorgfalt einzustehen, welche er in eigenen Angelegenheiten anzuwenden pflegt**. Für die Exkulpation des B genügt daher der Beweis, dass er den Grad an Sorgfalt eingehalten hat, für den er ansonsten einzustehen hat. Demnach ist hier zu berücksichtigen, dass es dem B auch so passieren konnte, dass er die Lkw-Tür nicht richtig verschließt. Zudem bestehen keine Anhaltspunkte dafür, dass sich B anders verhalten hätte, wenn er nur eigene Gegenstände in den Lkw eingelagert hätte.

2. Jedoch ist **gemäß § 277** derjenige, der nur für eigenübliche Sorgfalt einzustehen hat, von der Haftung wegen grober Fahrlässigkeit nicht befreit. Diese liegt vor, wenn die erforderliche Sorgfalt in besonders schwerem Maße verletzt wird, indem einfachste, ganz naheliegende Überlegungen nicht angestellt werden, und das nicht beachtet wird, was im gegebenen Fall jedem hätte ohne Weiteres einleuchten müssen.[4] Da hier lediglich ein Kabel eingeklemmt wurde, das gerade nicht ohne Weiteres erkennbar war, und die Tür ja auch zugeschlossen war, lässt sich grobe Fahrlässigkeit nicht annehmen. Somit liegt eine Exkulpation des B gemäß § 280 Abs. 1 S. 2 vor.

Ein Schadensersatzanspruch der A gegen B aus § 280 Abs. 1 S. 1 scheidet daher aus.

---

3 BGHZ 56, 210.
4 Palandt/Grüneberg § 277 Rn. 5.

B. A gegen B auf Schadensersatz i.H.v. 8.000 € aus § 823 Abs. 1

A könnte gegen B einen Anspruch auf Schadensersatz i.H.v. 8.000 € aus § 823 Abs. 1 haben.

I. Eine **Eigentumsverletzung** an den eingelagerten Sachen der A liegt aufgrund der Beschädigung vor.

II. Diese wurde **durch ein Verhalten des B** verursacht.

III. Die **Rechtswidrigkeit** ist indiziert.

IV. Fraglich ist, ob B **schuldhaft** gehandelt hat.

1. Bei deliktischen Ansprüchen ist die Schuld **grundsätzlich** nach **§ 276** zu beurteilen. Fahrlässigkeit ist daher gemäß § 276 Abs. 2 nach der Durchschnittssorgfalt zu beurteilen und es genügt leichteste Fahrlässigkeit.

2. Hier könnte jedoch der **Verschuldensmaßstab der §§ 690, 277** auch i.R.d. § 823 Abs. 1 anzuwenden sein. Aus diesen Vorschriften ist die Wertung zu entnehmen, dass der unentgeltliche Verwahrer privilegiert ist. Damit diese Wertung nicht unterlaufen wird, ist daher bei Anspruchskonkurrenz von vertraglichen und deliktischen Ansprüchen der abgemilderte Haftungsmaßstab zugleich auf die Haftung aus § 823 Abs. 1 anzuwenden.[5] Da die vertragliche Pflichtverletzung regelmäßig zu einer Rechtsverletzung i.S.v. § 823 Abs. 1 führt, wäre nämlich sonst das Privileg aus §§ 690, 277 entwertet. Da hier B die eigenübliche Sorgfalt nicht verletzt hat, scheidet somit eine Haftung aus § 823 Abs. 1 aus.

Ergebnis: Es bestehen keine Schadensersatzansprüche der A gegen B.

1. Der Schuldner hat zu vertreten:

a) Eigenes Verschulden
- Maßstab, § 276: Vorsatz und jede Art von Fahrlässigkeit
- Ausnahme, § 277, falls Vorschriften auf eigenübliche Sorgfalt verweisen

b) Zugerechnetes Verschulden, § 278
- gesetzliche Vertreter
- Erfüllungsgehilfe

2. Der Gläubiger hat zu vertreten:
Es gelten §§ 276–278 analog (Wortlaut spricht nur vom Schuldner!).

Klausurtipp: Haftungsminderungen bei unentgeltlichen Verträgen sind vorgesehen bei der Schenkung, **§ 521**, bei der Leihe, **§ 599**, sowie bei der unentgeltlichen Verwahrung, **§ 690**. Bei echter Anspruchskonkurrenz sind diese Haftungsprivilegien auch auf deliktische Ansprüche aus §§ 823 ff. anzuwenden. Hingegen bestehen für den Auftragsvertrag, § 662, trotz seiner Unentgeltlichkeit keine Vorschriften über eine Haftungsmilderung.

5 BGH NJW 1992, 2474 f.

Fall 2: culpa in contrahendo durch Abbruch von Vertragsverhandlungen

A ist Inhaber eines Supermarktes. Er hat erfahren, dass in dem Nachbargebäude die gewerblichen Räume im Erdgeschoss frei geworden sind. Zur Erweiterung seiner Kapazitäten möchte A die Räume anmieten, um dort einen Getränkehandel zu betreiben. Er fragt daher bei B, dem Eigentümer des Gebäudes, an, ob er die Räumlichkeiten anmieten könne. Die Verhandlungen über den Abschluss eines Mietvertrags ziehen sich bereits seit geraumer Zeit hin, da diverse Details zu klären sind. Da A in den letzten Besprechungen mit B Fortschritte erzielt hat, ist er optimistisch, dass ein Mietvertrag bald zustande kommt. In froher Erwartung schließt er daher bereits Lieferverträge mit Getränkelieferanten und stellt zwei Arbeitnehmer für den Getränkehandel ein. Kurz darauf teilt ihm B jedoch mit, dass er an C vermietet habe. C war nämlich bereit, eine wesentlich höhere Miete zu zahlen und eine längere Laufzeit des Mietvertrags zu akzeptieren. A ist empört, zumal C einer der stärksten Konkurrenten von A ist. Er fühlt sich hingehalten und „gelinkt" und verlangt von B Schadensersatz.

Zu Recht?

A. A gegen B auf Schadensersatz aus § 280 Abs. 1

A könnte gegen B einen Anspruch auf Schadensersatz aus § 280 Abs. 1 haben.

I. Erforderlich ist hierfür zunächst ein **Schuldverhältnis**.

1. Da ein Mietvertrag zwischen A und B gerade nicht zustande gekommen ist, liegt **kein vertragliches Schuldverhältnis** i.S.v. § 311 Abs. 1 vor.

2. Gemäß **§ 311 Abs. 2**, welcher das zuvor ungeschriebene Institut der culpa in contrahendo aufnimmt, kann auch vor einem Vertragsschluss bereits ein **vorvertragliches Schuldverhältnis** vorliegen. Da hier konkrete Vertragsverhandlungen zwischen A und B stattgefunden hatten, liegt somit ein vorvertragliches Schuldverhältnis i.S.v. § 311 Abs. 2 Nr. 1 vor.

Klausurtipp:
§ 311 Abs. 2 ist keine Anspruchsgrundlage. Anspruchsgrundlage für Schadensersatz ist allein § 280 Abs. 1. Zulässig ist aber, im Obersatz „Schadensersatz aus § 280 Abs. 1 i.V.m. § 311 Abs. 2" zu schreiben, um den Ansatz c.i.c. zu kennzeichnen. Es kann auch § 241 Abs. 2 mit in den Obersatz aufgenommen werden.

II. Die **Pflichtverletzung** im vorvertraglichen Bereich kann, wie § 311 Abs. 2 klarstellt, nur die Verletzung einer Rücksichtnahmepflicht i.S.v. **§ 241 Abs. 2** als spezielle Ausprägung von Treu und Glauben, § 242, sein.

Als Pflichtverletzung des B kommt der Abbruch der Vertragsverhandlungen mit A in Betracht. Zu beachten ist aber, dass die Parteien trotz des vorvertraglichen Schuldverhältnisses bis zum endgültigen Vertragsschluss in ihrer Entschließungsfreiheit grundsätzlich frei sind. Aus dem Prinzip der Vertragsfreiheit folgt, dass dies auch dann gilt, wenn der andere Teil in Erwartung des Vertrags bereits Aufwendungen gemacht hat.[6] Eine Ersatzpflicht besteht erst dann, wenn eine Partei in zurechenbarer Weise ein konkretes Vertrauen auf das Zustandekommen des Vertrags erweckt hat und danach die Verhandlungen ohne triftigen Grund abbricht.[7] Da noch keine vertragliche Bindung besteht, sind an das Vorliegen eines triftigen Grundes

6 BGH NJW-RR 2001, 381; Palandt/Grüneberg § 311 Rn. 30 ff.

7 BGH NJW 1975, 1774.

keine zu hohen Anforderungen zu stellen; so kann bereits das bessere Angebot eines anderen Interessenten durchaus einen Grund für den Abbruch der Verhandlungen darstellen.[8] Zudem hat hier A keine besonderen Umstände dargelegt, aus denen zu schließen ist, dass B ein besonderes Vertrauen auf das konkrete Zustandekommen des Vertrags erzeugt hat. Mithin war der Abbruch der Vertragsverhandlungen durch B nicht pflichtwidrig.

Mangels vorvertraglicher Pflichtverletzung des B besteht daher kein Schadensersatzanspruch aus § 280 Abs. 1.

B. Schadensersatzanspruch A gegen B aus § 826

Auch könnte dem A gegen B ein Schadensersatzanspruch aus § 826 zustehen.

Aus den vorgenannten Gründen kann das Verhalten des B nicht als sittenwidrige Schädigung angesehen werden. Somit entfällt auch ein Anspruch aus § 826.

Ergebnis: Keine Schadensersatzansprüche A gegen B.

8 Palandt/Grüneberg § 311 Rn. 32.

Fall 3: culpa in contrahendo bzgl. Aufklärungspflichten

A hatte in der Tageszeitung eine Annonce des F entdeckt: „Nebenverdienst bis zu 5.000 € im Monat." Er lässt sich die Geschäftsidee von F erläutern. Diese besteht darin, dass A dem F jeweils Karteikartensysteme für Kochrezepte sowie diverse Diätprogramme als „Grundausstattung" abkaufen soll, um diese dann auf Wochenmärkten an Interessierte zu veräußern. F erläutert hierbei dem A anhand diverser Berechnungsbeispiele die Verdienstmöglichkeiten, welche die Zeitungsannonce bestätigen, wonach bis zu 5.000 € pro Monat als Nebenverdienst erzielt werden können. Daraufhin schließt A mit F einen entsprechenden Vertrag und kauft die „Grundausstattung" von 500 Karteikästen von F für 15.000 €. Als sich in der Folgezeit der A um entsprechenden Absatz bemüht, zeigt sich, dass die Produkte wenig Interesse finden. Auch nach einem halben Jahr hat A erst wenige Karteikästen absetzen können. Er schaltet Rechtsanwalt R ein. Dieser eruiert, dass das Produktsystem am Markt keine Rentabilitätschancen hat und dies wohl auch für F klar war. Rechtsanwalt R befürchtet aber, dass dem F insofern ein Vorsatz nicht nachzuweisen ist.

R überlegt, welche Möglichkeiten für A bestehen, aus dem Vertragsverhältnis mit F herauszukommen.

Aufbautipp:
Obwohl der Rücktritt nur ex nunc wirkt, sollte er vor der Anfechtung geprüft werden, da die Gewährleistungsrechte aus § 437 grundsätzlich spezieller sind und prinzipiell das Anfechtungsrecht (jedenfalls aus § 119 Abs. 2) verdrängen. Da A (noch) keine Anfechtung erklärt hat (§ 143), muss dies bei „wirksamer (Kauf-)Vertrag" noch nicht angesprochen werden.

A. Rücktrittsrecht aus § 437 Nr. 2 Var. 1 i.V.m. § 323 wegen Gewährleistung

Fraglich ist, ob A ein Rücktrittsrecht aus § 437 Nr. 2 Var. 1 i.V.m. § 323 Abs. 1 Var. 2 zusteht.

I. Zunächst müsste ein **Kaufvertrag zwischen A und F, § 433**, bestehen.

Zwar haben A und F einen typengemischten Vertrag geschlossen. Sofern jedoch die im Rahmen dieses Vertrags erworbenen Produkte mit Sach- oder Rechtsmängeln behaftet sind, ist die kaufrechtliche Gewährleistung aus §§ 434 ff. anzuwenden.

II. Ferner müsste ein **Sachmangel zum Zeitpunkt des Gefahrübergangs, § 434 Abs. 1**, vorliegen.

Ein Sachmangel liegt gemäß § 434 Abs. 1 vor, wenn die Ist-Beschaffenheit negativ von der Soll-Beschaffenheit abweicht. Für die Soll-Beschaffenheit ist in erster Linie auf die Parteivereinbarung abzustellen, § 434 Abs. 1 S. 1. Hilfsweise gilt der vertraglich vorausgesetzte Verwendungszweck, § 434 Abs. 1 S. 2 Nr. 1, oder die gewöhnliche Tauglichkeit, § 434 Abs. 1 S. 2 Nr. 2.

1. Die von F an A ausgelieferten Karteikästen waren einwandfrei, sodass sich insofern **kein qualitativer Sachmangel i.S.v. § 434 Abs. 1** ergeben kann.

2. Jedoch könnte man daran denken, dass die **Veräußerungsmöglichkeiten** bzw. die Möglichkeiten zur Gewinnerzielung zur vereinbarten Sollbeschaffenheit der gelieferten Karteikästen i.S.v. § 434 Abs. 1 S. 1 gehören. Hierbei ist aber zum einen zu berücksichtigen, dass F keine konkreten Veräußerungszahlen mit Rechtsbindungswillen versprochen hat. Vielmehr hat er lediglich Berechnungsbeispiele erörtert. Zum anderen ist zu berücksichtigen, dass A, wie jeder Gewerbetreibende, selbst das Risiko trägt, wie und in welchem Umfang er durch seine eigenen Absatzbemühungen die Produkte weiterveräußern kann. So wie jeder Käufer das Verwendungsrisiko selbst trägt, gilt dies auch für das Veräußerungsrisiko, sodass auch unter diesem Aspekt ein Sachmangel i.S.v. § 434 ausscheidet.

3. In Betracht kommt noch eine **unselbstständige Garantie** i.S.v. § 433 Abs. 2.

Dass F dieses Risiko durch vertragliche Vereinbarung, etwa durch eine Garantievereinbarung i.S.v. § 443 übernommen hat, ist vorliegend nicht ersichtlich. Somit scheidet ein kaufrechtliches Rücktrittsrecht aus.

Klausurtipp: Garantie, vgl. § 443:

- Die **selbstständige Garantie** liegt vor, falls neben dem Kaufvertrag ein separater Garantievertrag geschlossen wird.
- Die **unselbstständige Garantie** verbessert i.d.R. lediglich die Gewährleistungsrechte aus dem Kaufrecht.
- **Kaufrechtliche Gewährleistung**, §§ 434 ff., ist ab Gefahrübergang i.S.v. § 434 Abs. 1, also ab Übergabe, § 446, bzw. Versendung, § 447, lex specialis und verdrängt grundsätzlich die Anwendbarkeit der c.i.c.-Haftung aus § 280 Abs. 1. (Näheres in AS-Fälle Schuldrecht BT Kaufrecht)

B. Anspruch A gegen F auf Vertragsaufhebung aus § 280 Abs. 1 i.V.m. Naturalrestitution, § 249 Abs. 1

A könnte gegen F einen Anspruch auf Vertragsaufhebung aus § 280 Abs. 1 i.V.m. § 249 Abs. 1 haben.

I. Voraussetzung ist zunächst ein **Schuldverhältnis zwischen A und F**.

1. In Betracht kommt ein **vertragliches Schuldverhältnis, § 311 Abs. 1**.

a) Zwar besteht zwischen A und F ein **typengemischter Vertrag** mit Schwerpunkt auf Kaufvertrag, s.o. Jedoch liegt, da die gelieferte Ware als solche in Ordnung ist, insofern keine Pflichtverletzung des F i.S.v. § 280 Abs. 1 vor. Im Übrigen wäre bezüglich der Ware auch – wie vorstehend erörtert – die kaufrechtliche Gewährleistung spezieller und würde für nachvertragliche Pflichtverletzungen grundsätzlich den § 280 Abs. 1 als allgemeinen Tatbestand verdrängen.

b) In Betracht zu ziehen ist noch ein **selbstständiger Beratervertrag** zwischen A und F, welcher neben dem Kaufvertrag bzw. dem Mischvertrag geschlossen wurde. Da F jedoch lediglich Berechnungsbeispiele angeführt hat, ohne hier konkret Beratungspflichten versprochen zu haben, lässt sich ein Beratervertrag mangels entsprechenden Rechtsbindungswillens nicht annehmen.

Somit scheidet ein vertragliches Schuldverhältnis i.S.d. § 311 Abs. 1 aus.

2. Für § 280 Abs. 1 genügt aber ein **vorvertragliches Schuldverhältnis i.S.v. § 311 Abs. 2**.

Abgestellt auf den Zeitpunkt vor Abschluss des Vertrags lag ein vorvertragliches Schuldverhältnis zwischen A und F durch die Aufnahme der Vertragsverhandlungen gemäß § 311 Abs. 2 Nr. 1 vor. Demnach kommt hier unter dem Gesichtpunkt culpa in contrahendo (c.i.c.) eine Haftung des F in Betracht. Der Umstand, dass das Vertragsverhältnis später (doch) zustande gekommen ist, steht dem vorvertraglichen Schuldverhältnis nicht entgegen. Entscheidend ist lediglich, dass die Pflichtverletzung vor Abschluss des Vertrags erfolgt ist.

II. Ferner erfordert § 280 Abs. 1 eine **vorvertragliche Pflichtverletzung des F**.

Bereits im vorvertraglichen Bereich gelten gewisse Rücksichtnahme- und Schutzpflichten aus §§ 241 Abs. 2, 242. Hierzu gehört insbesondere die Aufklärungspflicht. Hiernach muss der zukünftige Vertragpartner über alle

Umstände aufgeklärt werden, die für den Entschluss, den Vertrag abzuschließen, erkennbar von Bedeutung sind und die er selbst nicht oder nur schlecht beurteilen kann.[9] Bei Vertriebssystemen muss demnach vollständig über die Rentabilität informiert werden.[10] Maßgebend sind alle Umstände des Einzelfalls. Hier legte A erkennbar Wert auf entsprechende Nebeneinkünfte, zumal sowohl die Annonce als auch die Berechnungsbeispiele von F diese Erwartung nicht nur geschürt haben, sondern auch als realistisch darstellten. Hingegen kann A die Richtigkeit dieser Angaben nur schlecht überprüfen. Demnach hat F eine Pflichtverletzung begangen, indem er nicht auf die mangelnde Rentabilität des Vertriebssystems hingewiesen hat.

III. Ein Vertretenmüssen des F wird **vermutet** bis zur Exkulpation, § 280 Abs. 1 S. 2. Da eine Exkulpation des F nicht ersichtlich ist, verbleibt es bei dem vermuteten Verschulden.

IV. Als **Rechtsfolge** schuldet F **Schadensersatz** gemäß § 280 Abs. 1 i.V.m. §§ 249 ff.

Nach dem im Schadensrecht geltenden Grundsatz der Naturalrestitution (§ 249 Abs. 1) kann der geschädigte A verlangen, so gestellt zu werden, wie er ohne das schädigende Verhalten des F gestanden hätte. Bei, wie hier, wirksamen, aber inhaltlich nachteiligen Verträgen, die durch Einwirkung auf die Willensbildung des Geschädigten zustande gekommen sind, bedeutet Naturalrestitution dann einen Anspruch auf Aufhebung des Vertrags und Rückabwicklung.[11]

Klausurtipp: Generelle Prüfungsreihenfolge

1. Vertragliche Ansprüche
2. Quasivertragliche Ansprüche
3. Gesetzliche Ansprüche
   a) (ggf.) EBV
   b) §§ 823 ff.
   c) §§ 812 ff.

C. A gegen F auf Vertragsaufhebung aus § 823 Abs. 2 i.V.m. § 263 StGB i.V.m. § 249 Abs. 1

Da dem F kein Vorsatz nachzuweisen ist, entfällt der Betrugsvorwurf, sodass ein entsprechender Anspruch ausscheidet.

D. A gegen F aus § 826 i.V.m. § 249 Abs. 1

Mangels Vorsatzes des F entfällt auch dieser Anspruch.

Verhältnis § 123 zu c.i.c.:

- **§ 123** begründet ein Anfechtungsrecht und führt zum Rückgewähranspruch gemäß § 812.
- **c.i.c.** (vorvertragliche Pflichtverletzung durch Täuschung) führt zum Schadensersatzanspruch aus § 280 Abs. 1. Nach wohl h.M. sind beide Institute nebeneinander anwendbar (a.A.: Anfechtungsrecht ist spezieller).
- **Unstreitig** sind § 823 Abs. 2 i.V.m. § 263 StGB und § 826 bei Täuschung anwendbar.

E. A gegen F auf Rückabwicklung aus § 812 Abs. 1 S. 1 Var. 1 bzw. Abs. 1 S. 2 Var. 1

A könnte gegen F einen bereicherungsrechtlichen Rückgewähranspruch aus § 812 Abs. 1 S. 1 Var. 1 bzw. Abs. 1 S. 2 Var. 1 haben.

I. F hat **etwas**, nämlich 15.000 €, erlangt.

II. Dies geschah **durch Leistung des A** als zielgerichtete Mehrung des Vermögens des F.

III. Fraglich ist, ob dies **ohne Rechtsgrund** geschehen ist.

Der zwischen A und F wirksam abgeschlossene Vertrag stellt einen Rechtsgrund dar. In Betracht kommt eine rückwirkende Beseitigung des Vertrags durch Anfechtung gemäß §§ 142, 143. Dann müsste für A ein Anfechtungsgrund i.S.v. §§ 119 ff. bestehen und A (noch) die Anfechtung erklären.

---

9 BGH, Urt. v. 01.02.2013 – V ZR 72/11, RÜ 2013, 349; Palandt/Grüneberg § 311 Rn. 40.

10 OLG München 1994, 667; Palandt/Grüneberg § 311 Rn. 40.

11 Palandt/Grüneberg § 311 Rn. 72.

1. Bei **arglistiger Täuschung durch F** bestünde ein Anfechtungsrecht aus **§ 123 Abs. 1 Var. 1**.

Mangels nachweisbaren Vorsatzes des F scheidet aber eine arglistige Täuschung aus.

2. In Betracht kommt ein **Inhalts- oder Erklärungsirrtum des A, § 119 Abs. 1**.

Ein Irrtum erfordert das unbewusste Auseinanderfallen von Wille und Erklärung bei Abgabe der Willenserklärung.[12]

A wollte jedoch den Vertrag mit dem vereinbarten Inhalt abschließen. Damit weichen im Zeitpunkt des Vertragsschlusses Wille und Erklärung nicht voneinander ab. Die bloße Vorstellung über entsprechende Verdienstmöglichkeiten war nicht Inhalt des Vertrags, sondern bloße Motivation des A im Vorfeld des Vertragsschlusses. Bloße Motivirrtümer im Vorfeld des Vertrags fallen nicht unter § 119 Abs. 1 (vgl. Wortlaut „**bei** Abgabe der Willenserklärung"). Sie sind grundsätzlich unbeachtlich, es sei denn, sie fallen unter § 119 Abs. 2.

3. Es könnte bei A ein **Irrtum über verkehrswesentliche Eigenschaften i.S.v. § 119 Abs. 2** bestanden haben.

a) Zwar ist die kaufrechtliche Gewährleistung aus §§ 434 ff. grundsätzlich spezieller, sodass § 119 Abs. 2 dann unanwendbar ist. Jedoch sind vorliegend die §§ 434 ff. nicht einschlägig, da kein Mangel vorliegt, s.o. A. Damit ist § 119 Abs. 2 anwendbar.

b) Fraglich ist, ob die Absatzmöglichkeit eine verkehrswesentliche Eigenschaft der Sache, hier der Karteikästen, darstellt. Verkehrswesentliche Eigenschaften sind alle wertbildenden Faktoren der Sache, die ihr dauerhaft anhaften. Hier geht es jedoch um die Absatzmöglichkeiten, die zum Risikobereich des Käufers gehören und damit nicht der Sache als solcher innewohnen. Somit entfällt auch der Anfechtungsgrund des § 119 Abs. 2.

Der Kaufvertrag kann daher nicht durch Anfechtung beseitigt werden.

Ergebnis: Somit besteht kein Rückgewähranspruch aus § 812 Abs. 1.

---

12 Palandt/Ellenberger § 119 Rn. 7.

Fall 4: Haftung von Stellvertretern, Vermittlern

Zahnarzt Dr. B, den mal wieder seine Steuerlast drückt, hat dem C, einem Mitglied seines Golfclubs, sein Leid geklagt. C gibt ihm den Tipp, er solle sich doch an einem Filmfonds beteiligen. Er gibt Dr. B eine Telefonnummer der F-GmbH, die derartige Beteiligungen einräumt. Bei der F-GmbH handelt es sich um eine Einmann-GmbH, deren Gesellschafter und Geschäftsführer A ist. In der Folgezeit schließt A als Stellvertreter für die GmbH einen entsprechenden Beteiligungsvertrag mit Dr. B. Dieser zahlt anschließend vereinbarungsgemäß 150.000 € an die F-GmbH. Als später das Finanzamt die Zahlung des Dr. B steuerlich nicht anerkennt, verlangt Dr. B Rückzahlung des Geldes von der F-GmbH. Nunmehr stellt sich heraus, dass bezüglich der F-GmbH mittlerweile Antrag auf Eröffnung des Insolvenzverfahrens gestellt worden ist. Ferner hat C von A eine Provision für die Vermittlung des Dr. B erhalten. Dr. B ist empört und möchte nunmehr zumindest den A in Anspruch nehmen, hilfsweise C.

1. Hat Dr. B einen Schadensersatzanspruch i.H.v. 150.000 € gegen A?

2. Hat Dr. B einen Schadensersatzanspruch i.H.v. 150.000 € gegen C?

Frage 1:

A. Schadensersatzanspruch B gegen A aus § 280 Abs. 1 auf 150.000 €

B könnte gegen A ein Schadensersatzanspruch aus § 280 Abs. 1 auf 150.000 € zustehen.

I. Dann müsste ein **Schuldverhältnis zwischen B und A** bestehen.

1. Ein Schuldverhältnis entsteht **gemäß § 311 Abs. 1 durch Vertrag**.

In Betracht kommt allenfalls ein Beratungsvertrag zwischen Dr. B und A. Vorliegend hat jedoch A gemäß § 164 Abs. 1 i.V.m. § 35 Abs. 1 GmbHG als Stellvertreter für die GmbH, also im fremden Namen, gehandelt. Dass A im Vorfeld oder parallel hierzu im eigenen Namen eigene Beratungspflichten eingehen wollte, ist nicht erkennbar. Somit wollte A erkennbar keine eigene Vertragsverbindlichkeit begründen. Ein (Berater-)Vertrag zwischen A und B scheidet aus.

2. In Betracht kommt ein **vorvertragliches Schuldverhältnis i.S.v. § 311 Abs. 2**.

Da A lediglich als Stellvertreter für die GmbH vorvertraglich im fremden Namen verhandelt hat, also nicht selbst später Vertragspartei werden sollte, scheidet jedoch ein vorvertragliches Schuldverhältnis zwischen B und A i.S.v. § 311 Abs. 2 ebenfalls aus.

3. Es könnte aber ein **besonderes Schuldverhältnis i.S.v. § 311 Abs. 3** bestehen.

a) Gemäß § 311 Abs. 3 entsteht ein Schuldverhältnis mit Stellvertretern bzw. Vermittlern, wenn diese **im besonderen Maße Vertrauen** für sich in Anspruch genommen und hierdurch die (vorvertraglichen) Vertragsverhandlungen oder den Vertragsschluss mit dem Vertretenen erheblich beeinflusst haben. Damit nicht jeder Stellvertreter/Vermittler persönlich in Anspruch genommen werden kann, ist diese Vorschrift als Ausnahmeregelung eng auszulegen. Voraussetzung ist daher, dass eine über das normale Verhandlungsvertrauen hinausgehende persönliche Gewähr für die Seriosität und die Erfüllung des Vertrags übernommen wurde.[13]

Erforderlich ist somit die Erzeugung eines qualifizierten Vertrauens. Tritt ein Geschäftsführer oder Gesellschafter für die Gesellschaft auf, so nimmt er in der Regel nur normales Vertrauen in Anspruch. Eine Eigenhaftung kommt erst dann in Betracht, wenn er unter Hervorhebung besonderer Fachkunde oder ähnlicher Qualitäten garantieähnliche Versprechen abgibt.[14] Da hier keine besonderen Umstände ersichtlich sind, ist A als normaler Verhandlungsvertreter anzusehen. Somit hat A kein besonderes Vertrauen erzeugt.

b) Wie sich aus dem Wortlaut des § 311 Abs. 3 S. 2 („insbesondere") ergibt, ist die Vorschrift nicht abschließend. Anerkannt ist die **weitere Fallgruppe**, dass der Stellvertreter/Vermittler ein **eigenes wirtschaftliches Interesse** an dem für ihn fremden Vertrag hat. Auch dieser Ausnahmefall ist aber eng auszulegen: Eine Eigenhaftung tritt nur ein, wenn der Stellvertreter/Vermittler wirtschaftlich betrachtet gleichsam in eigener Sache tätig wird. Er muss als „Quasi-Vertragspartner", als wirtschaftlicher Herr des Geschäfts oder eigentlicher wirtschaftlicher Interessenträger anzusehen sein.[15]

Hier hatte A ein eigenes wirtschaftliches Interesse, weil mit jedem von ihm für die GmbH zustande gebrachten Vertrag deren finanzielle Lage verbessert wurde, von der er als Alleingesellschafter profitiert. Jedoch ist zu beachten, dass ein derartiges wirtschaftliches Interesse jeder Gesellschafter/Geschäftsführer hat und der Ausnahmecharakter des Haftungstatbestandes gewahrt werden muss. Ein mittelbares wirtschaftliches Interesse eines Geschäftsführers oder Gesellschafters am Erfolg seines Unternehmens begründet daher keine Eigenhaftung.[16] Fraglich ist aber, ob sich hier deswegen für A ein anderes ergibt, weil es sich um eine Einmann-GmbH handelt, sodass A faktisch der Inhaber ist. Jedoch ist zu beachten, dass die GmbH, mithin auch eine Einmann-GmbH, eine juristische Person darstellt und somit von ihrem Stellvertreter getrennt anzusehen ist. Auch kann der Rechtsverkehr erkennen, dass es sich um eine Einmann-GmbH handelt (Handelsregistereintrag, Geschäftspapiere etc.), und ist daher nicht schutzwürdig.[17]

Vorteile (quasi-)vertraglicher Ansprüche gegenüber deliktischen Ansprüchen:
- **Verschulden** wird **vermutet**, § 280 Abs. 1 S. 2 (anders bei § 823)
- gemäß **§ 278** Zurechnung von Erfüllungsgehilfen und gesetzlichen Vertretern ohne Exkulpationsmöglichkeit (anders § 831 Abs. 1 S. 2)

Wegen des Ausnahmecharakters kommt somit eine Eigenhaftung des A nicht in Betracht. Ein Anspruch aus § 280 Abs. 1 ist daher nicht gegeben.

B. B gegen A auf Schadensersatz aus § 823 Abs. 1

Es könnte ein deliktischer Schadensersatzanspruch des B gegen A aus § 823 Abs. 1 bestehen.

Fraglich ist bereits, ob B überhaupt geltend machen kann, in einem von § 823 Abs. 1 geschützten Rechtsgut oder Recht verletzt zu sein. Eine Eigentumsverletzung gegenüber B liegt nicht vor. Der Umstand, dass seine Beteiligung steuerlich nicht anerkannt wurde und auch von der F-GmbH

13 BGH, Urt. v. 16.12.2009 – VIII ZR 38/09, RÜ 2010, 144, 145; Palandt/Grüneberg § 311 Rn. 63.
14 BGHZ 126, 183; BGH NJW-RR 2001, 1611.
15 BGH NJW-RR 2002, 1309; Palandt/Grüneberg § 311 Rn. 61.
16 BGH, Urt. v. 06.06.1994 – II ZR 292/91; BGHZ 126, 183; Palandt/Grüneberg § 311 Rn. 65.
17 BGH, Urt. v. 06.06.1994 – II ZR 292/91; BGHZ 126, 181.

nicht rückforderbar ist, stellt einen reinen Vermögensschaden dar. Das Vermögen als solches ist jedoch kein von § 823 Abs. 1 geschütztes Rechtsgut.

C. B gegen A auf Schadensersatz aus § 823 Abs. 2 i.V.m. § 263 StGB

B könnte gegen A einen Schadensersatzanspruch aus § 823 Abs. 2 i.V.m. § 263 StGB als Schutzgesetz haben.

Das Vermögen als solches ist aber von § 823 Abs. 2 geschützt, sofern A ein Schutzgesetz verletzt hat, welches das Vermögen als solches schützt. Betrug, § 263 StGB, ist ein Vermögensdelikt. Jedoch bestehen hier keine Anhaltspunkte, dass A in betrügerischer Absicht gehandelt hat, um sich oder die GmbH rechtswidrig zu bereichern. Somit besteht kein Anspruch aus § 823 Abs. 2 i.V.m. § 263 StGB.

D. B gegen A auf Schadensersatz aus § 826

§ 826 schützt das Vermögen als solches, setzt aber neben einer sittenwidrigen Schädigung Vorsatz voraus. Mangels Schädigungsvorsatzes des A entfällt daher auch ein Anspruch aus § 826.

Ergebnis: Keine Ansprüche B gegen A.

Frage 2:

A. Schadensersatzanspruch B gegen C aus § 280 Abs. 1 auf 150.000 €

B könnte gegen C einen Schadensersatzanspruch aus § 280 Abs. 1 auf 150.000 € haben.

Fraglich ist bereits, ob überhaupt ein **Schuldverhältnis** zwischen B und C i.S.v. § 280 Abs. 1 vorliegt.

I. Ein **Schuldverhältnis** entsteht **durch Vertrag, § 311 Abs. 1**.

Ein Tipp während eines Freizeitvergnügens auf dem Golfplatz durch einen bloßen Bekannten erfolgt erkennbar ohne Rechtsbindungswillen. Somit scheidet ein Vertrag zwischen B und C aus.

II. In Betracht kommt ein **besonderes Schuldverhältnis B–C gemäß § 311 Abs. 3**.

1. Da wegen des Ausnahmecharakters im **besonderen Maße persönliches Vertrauen** in Anspruch genommen werden muss (s.o.), genügt ein bloßer Tipp anlässlich eines Golfspiels durch einen Bekannten hierfür nicht. C hat somit kein qualifiziertes Vertrauen erzeugt.

2. Hier kommt ein **eigenes wirtschaftliches Interesse** des C in Form eines Provisionsinteresses in Betracht. Wegen des Ausnahmecharakters reichen jedoch bloß mittelbare wirtschaftliche Interessen des Vermittlers nicht. Daher genügt die Aussicht einer Provision oder eines Entgelts seitens des Vertretenen nicht.[18]

Somit besteht keine Eigenhaftung des C, sodass ein Schadensersatzanspruch aus § 280 Abs. 1 gegen C ausscheidet.

---

18 BGH NJW 2012, 758; Palandt/Grüneberg § 311 Rn. 61 f.

B. Für ein **deliktisches Verhalten** des **C i.S.v. § 823 Abs. 2 i.V.m. § 263 StGB** oder § 826 bestehen keine Anhaltspunkte.

Ergebnis: Keine Schadensersatzansprüche B gegen C.

Anmerkung: *Hingegen wird die Eigenhaftung i.S.v. § 311 Abs. 3 bejaht bei einem Gebrauchtwagenhändler, der ein in Zahlung genommenes Kfz als bloßer Stellvertreter/Vermittler für den Vorbesitzer weiterveräußert,[19] da er als Sachwalter und Quasiverkäufer ein eigenes wirtschaftliches Interesse an dem für ihn fremden Vertrag aufweist. Vielfach erzeugt er als Fachmann auch besonderes, qualifiziertes Vertrauen, wodurch ein besonderes Schuldverhältnis i.S.v. § 311 Abs. 3 entsteht.[20] Unter Umständen haftet er sogar über § 475 Abs. 1 S. 2 unmittelbar nach den Vorschriften des Verbrauchsgüterkaufs, wenn der Vertragsschluss im Namen des Vorbesitzers ein Umgehungsgeschäft darstellt (Näheres hierzu in: AS-Fälle Schuldrecht BT Kaufrecht).*

19 BGHZ 87, 302, 304.

20 BGH, Urt. v. 16.12.2009 – VIII ZR 38/09, RÜ 2010, 144, 145.

Vertrag mit Schutzwirkung zugunsten Dritter

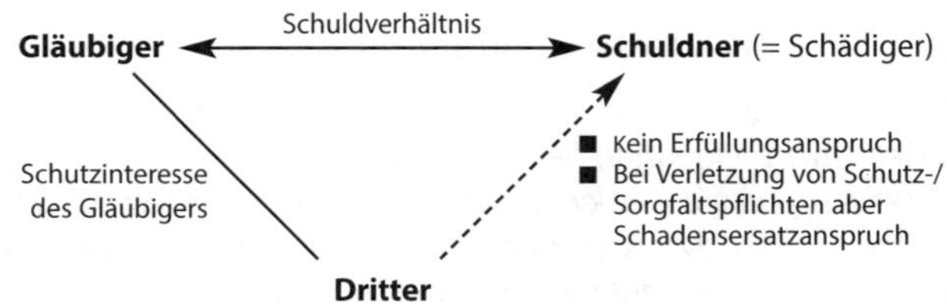

Fall 5: culpa in contrahendo, Vertrag mit Schutzwirkung zugunsten Dritter

Wegen des schönen Wetters sucht der Vater V zusammen mit seinem fünfjährigen Sohn S das Geschäft des A auf, der einen Handel für Gartenmöbel betreibt. V geht zusammen mit S zu der dazugehörenden Außenanlage, um einen Sonnenschirm auszusuchen. Als plötzlich eine starke Windböe weht, fliegt ein Sonnenschirm aus dem Ständer und trifft den S unglücklich am Kopf. Hierdurch entsteht eine stark blutende Platzwunde. V bringt den S sofort in das nächste Krankenhaus, wo die Platzwunde mit sieben Stichen genäht wird. Spätere Ermittlungen ergeben, dass der A morgens die Schirme aufgestellt, jedoch beim Hineinstellen dieses Schirmes in den Ständer vergessen hatte, die Feststellschraube anzuziehen. Der somit nur lose im Ständer stehende Schirm war dann durch die Windböe einfach herausgehoben und durch die Luft geschleudert worden.

S, vertreten durch seine Eltern, verlangt ein Schmerzensgeld von A.

Zu Recht?

Schmerzensgeld, § 253 Abs. 2:
- **Keine Anspruchsgrundlage**; nur Konkretisierung der Rechtsfolge
- **Anwendbar auf sämtliche Schadensersatzansprüche, sofern** Verletzung an Körper/Gesundheit/Freiheit; Arg.: Systematische Stellung im allgemeinen Schadensrecht im Schuldrecht AT (§§ 249 ff.).

A. S gegen A auf Schmerzensgeld aus § 280 Abs. 1 i.V.m. § 253 Abs. 2?

S könnte gegen A einen Schmerzensgeldanspruch aus § 280 Abs. 1 i.V.m. § 253 Abs. 2 haben.

I. Dann müsste zunächst ein **Schuldverhältnis** zwischen S und A bestehen.

1. Gemäß **§ 311 Abs. 1** entsteht ein Schuldverhältnis **durch Vertrag**.

Ein (Kauf-)Vertrag zwischen S und A liegt nicht vor, sodass ein vertragliches Schuldverhältnis i.S.v. § 311 Abs. 1 nicht gegeben ist.

2. Gegeben sein könnte ein **vorvertragliches Schuldverhältnis i.S.v. § 311 Abs. 2.**

In Betracht kommt jedoch ein vorvertragliches Schuldverhältnis i.S.v. § 311 Abs. 2. Hier diente das Aufsuchen des Geschäfts des A der Anbahnung von geschäftlichen Kontakten, sodass § 311 Abs. 2 Nr. 2 erfüllt sein könnte. Jedoch wollte S selbst keinen Vertrag anbahnen und wäre auch gemäß § 104 Nr. 1 i.V.m. § 105 Abs. 1 geschäftsunfähig. Zwar hatte S das Geschäft zusammen mit seinem Vater betreten, jedoch wollte V nicht in Stellvertretung für S, sondern vielmehr für sich selbst handeln. Somit diente das Betreten des Geschäfts der Anbahnung eines Kaufvertrags zwischen A und V. S ist daher, ebenso wie jemand, der ein Geschäft ohne Kaufabsicht betritt, nicht Partei eines vorvertraglichen Schuldverhältnisses i.S.v. § 311 Abs. 2 Nr. 2 geworden.

3. In Betracht kommt aber ein **vorvertragliches Schuldverhältnis mit Schutzwirkung zugunsten Dritter**.

Wäre jedoch der Kaufvertrag zwischen V und A zustande gekommen und hätte dieser Schutzwirkung zugunsten des S als Drittem gehabt, so erscheint es konsequent, den Dritten bereits im vorvertraglichen Bereich zu schützen. Anerkannt ist daher, dass die Grundsätze zur c.i.c. auch im Vorfeld eines Vertrags mit Schutzwirkung zugunsten Dritter heranzuziehen sind. Fraglich ist demnach, ob hier der zu schließende Kaufvertrag zwischen V und A Schutzwirkung zugunsten des S entfaltet.

a) Zunächst müsste ein **vorvertragliches Schuldverhältnis zwischen V und A** bestehen.

Hier hat V das Geschäft des A zwecks Anbahnung eines Vertrags betreten, sodass zwischen V und A ein vorvertragliches Schuldverhältnis i.S.v. § 311 Abs. 2 Nr. 2 vorliegt.

b) Ferner müssen die **Voraussetzungen der Schutzwirkung zugunsten Dritter** vorliegen.

Umstritten ist, ob der Gesetzgeber das Institut „Vertrag mit Schutzwirkung" in § 311 Abs. 2 Nr. 3 bzw. § 311 Abs. 3 S. 1 angesprochen hat. Jedenfalls sind die Voraussetzungen dieses Instituts nach wie vor nicht geregelt.[21]

aa) Erforderlich ist zunächst die **Leistungsnähe des Dritten**, hier des S. Der Dritte muss bestimmungsgemäß mit der Leistung des Schuldners in Berührung kommen und den Gefahren von Schutzpflichtverletzungen ebenso ausgesetzt sein wie der Gläubiger selbst. Da hier S zusammen mit dem V (Gläubiger) das Geschäft betreten hatte, bestand Leistungsnähe im vorvertraglichen Bereich.

bb) Ferner muss ein **Einbeziehungsinteresse des Gläubigers**, hier des V, bestehen.

(1) Die Rspr. verlangte früher hierfür, dass der Gläubiger für das „Wohl und Wehe" des Dritten verantwortlich ist. Dies wurde bei einem Rechtsverhältnis zwischen Gläubiger und dritten Personen mit personenrechtlichem Einschlag, wie beim Arbeitsverhältnis oder – wie hier – einer familienrechtlichen Beziehung zwischen V und S bejaht.

(2) Heute[22] wird überwiegend das Schutzinteresse weiter gefasst, sodass grundsätzlich jedes Interesse, auch ein vertragliches Interesse des Gläubigers am Schutz des Dritten, genügt, was ggf. durch Auslegung zu ermitteln ist. Auch hiernach besteht ein Interesse des V am Schutz des eigenen Kindes S.

cc) Dies muss **für den Schuldner A erkennbar** gewesen sein.

Die Einbeziehung des Dritten muss für den Schuldner erkennbar sein, damit dieser sein Haftungsrisiko überschauen kann. Maßgeblicher Zeitpunkt

Verträge mit Drittwirkung:

1. Vertrag zugunsten Dritter, § 328:
Der Dritte hat einen eigenen Erfüllungsanspruch auf die Primärleistung.

2. Vertrag zugunsten Dritter auf den Todesfall, § 331:
Der Dritte hat den Erfüllungsanspruch erst bei Eintritt des Todes des Versprechensempfängers (z.B. Lebensversicherung).

3. Vertrag mit Schutzwirkung zugunsten Dritter:
Nicht geregelt. Der Dritte hat keinen Erfüllungsanspruch, sondern ist lediglich in die Schutz- und Sorgfaltspflichten einbezogen; bei deren Verletzung hat er Schadensersatzansprüche.

21 Ausführlich Höhne/Kühne JuS 2012, 1063.

22 BGH v. 14.06.2012 – IX ZR 145/11, RÜ 2012, 477; Palandt/Grüneberg § 328 Rn. 17 a.

ist der Abschluss des Vertrags bzw. im vorvertraglichen Bereich die Aufnahme der Geschäftskontakte. Nicht erforderlich ist, dass der Schuldner, hier A, den Dritten namentlich oder persönlich kennt. Es reicht, dass die Schutzpflichten auf eine klar abgrenzbare Personengruppe beschränkt sind. Vorliegend ist für A, auch wenn er das Betreten des Geschäfts durch V und S nicht gesehen hat, zumindest erkennbar gewesen, dass Kaufinteressenten vielfach mit Kindern sein Geschäft betreten. Dementsprechend war für A auch erkennbar, dass nicht nur Kaufinteressenten selbst, sondern ggf. auch deren Familienmitglieder geschädigt werden können.

dd) Zudem muss **Schutzbedürftigkeit des Dritten**, hier des S, bestehen.

Klausurtipp:
Es ist nur darauf abzustellen, ob vertragliche Ansprüche anderweitig bestehen. Unerheblich ist, ob der Dritte deliktische Ansprüche hat, da es sich bei dem Vertrag mit Schutzwirkung zugunsten Dritter um ein rein vertragliches Institut handelt. Dies gilt konsequenterweise auch für den vorvertraglichen Bereich.

Sofern der Dritte eigene gleichwertige vertragliche Ansprüche gegen den Gläubiger (hier V) oder andere Personen hat, ist er nicht schutzwürdig, da er sich an diese halten kann. Vorliegend sind (vor-)vertragliche Ansprüche des S gegen V sowie gegen andere Personen nicht ersichtlich.

Somit besteht ein vorvertragliches Schuldverhältnis zwischen V und A, welches Schutzwirkung zugunsten des S entfaltet.

II. Es müsste eine **Pflichtverletzung des A** vorliegen.

Ein Ladeninhaber hat aus § 241 Abs. 2 die Pflicht, seine Verkaufsflächen in einem derart sicheren Zustand zu halten, dass die Unversehrtheit seiner Kunden sowie der zu schützenden Dritten gewährleistet ist. Hier hat A den Sonnenschirm nicht mit der hierfür vorgesehenen Feststellschraube befestigt und damit pflichtwidrig gehandelt.

III. Das **Verschulden des A i.S.v. § 276 Abs. 1 wird vermutet**. Eine Exkulpation gemäß § 280 Abs. 1 S. 2 liegt nicht vor.

IV. Rechtsfolge: A schuldet dem S aus § 280 Abs. 1 Schadensersatz. Über § 253 Abs. 2 sind aufgrund der Verletzungen des S auch immaterielle Schäden zu ersetzen, sodass der geltend gemachte Schmerzensgeldanspruch besteht. Die Höhe des Anspruchs steht im Ermessen des Gerichts.

B. S gegen A aus § 823 Abs. 1 i.V.m. § 253 Abs. 2 auf Schmerzensgeld

S könnte gegen A auch einen Schmerzensgeldanspruch aus § 823 Abs. 1 i.V.m. § 253 Abs. 2 haben.

I. Das **Rechtsgut Gesundheit** ist bei S verletzt.

II. Dies geschah durch ein **Verhalten** des A.

III. Die **Rechtswidrigkeit** ist indiziert, Rechtfertigungsgründe bestehen für A nicht.

Klausurtipp:
Anders als bei § 280 Abs. 1 S. 2 wird i.R.d. § 823 S. 1 grundsätzlich das Verschulden nicht vermutet, sodass in einer Klausur das Verschulden positiv begründet und unter § 276 Abs. 2 subsumiert werden muss.

IV. Es müsste ein **Verschulden des A** vorliegen. Indem A den Sonnenschirm nicht gesichert hat, hat A die im Verkehr erforderliche Sorgfalt verletzt und damit fahrlässig i.S.v. § 276 Abs. 2 gehandelt. Somit liegt Verschulden vor.

V. Rechtsfolge: Folglich besteht ein Schadensersatzanspruch des S gegen A aus § 823 Abs. 1. Aufgrund der Gesundheitsverletzung ist gemäß § 253 Abs. 2 auch der immaterielle Schaden, mithin Schmerzensgeld, geschuldet.

C. S gegen A aus § 823 Abs. 2 i.V.m. § 229 StGB i.V.m. § 253 Abs. 2 auf Schmerzensgeld

S könnte gegen A auch einen Schmerzensgeldanspruch aus § 823 Abs. 2 i.V.m. § 229 StGB i.V.m. § 253 Abs. 2 haben.

I. Die fahrlässige Körperverletzung gemäß § 229 StGB müsste **taugliches Schutzgesetz** i.S.v. § 823 Abs. 2 sein.

§ 229 StGB schützt vor Gesundheitsverletzungen und ist damit taugliches Schutzgesetz zugunsten des hier verletzten S.

II. Ferner muss ein **Verstoß gegen das Schutzgesetz** vorliegen.

A hat die Verletzung des S pflichtwidrig und zurechenbar herbeigeführt und damit gegen § 229 StGB verstoßen.

III. A hat dabei **rechtswidrig und schuldhaft** gehandelt.

IV. Rechtsfolge: A schuldet Schadensersatz aus § 823 Abs. 2 i.V.m. § 229 StGB, sodass gemäß § 253 Abs. 2 auch Schmerzensgeld als immaterieller Schaden geschuldet ist.

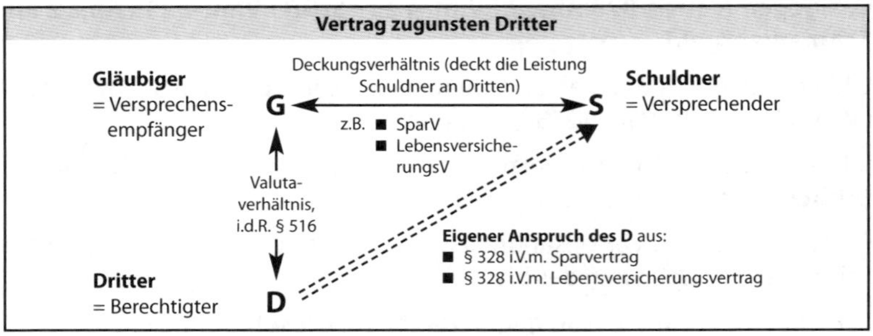

Bei Verträgen zugunsten Dritter ist zu unterscheiden:

1. Beim **echten Vertrag zugunsten Dritter** erwirbt der Dritte einen eigenen Erfüllungsanspruch gegen den Schuldner, § 328 Abs. 1. Gemäß § 335 hat aber im Zweifel auch der Gläubiger – neben dem Dritten – einen Anspruch auf Leistung an den Dritten.

2. Beim **unechten Vertrag zugunsten Dritter** hat allein der Gläubiger das Recht, die Leistung zu fordern. Der Schuldner ist lediglich ermächtigt, mit befreiender Wirkung an den Dritten zu leisten.

Ob ein echter oder unechter Vertrag gewollt ist, ist durch Auslegung zu ermitteln, § 328 Abs. 2.

3. Beim **bloßen Vertrag mit Schutzwirkung zugunsten Dritter**, welcher nicht geregelt ist, hat der Dritte keinen Erfüllungsanspruch, sondern ist nur in die Schutz- und Sorgfaltspflichten einbezogen, bei deren Verletzung lediglich ein Sekundäranspruch auf Schadensersatz besteht.

Klausurtipp:
Zu beachten ist, dass § 328 keine eigenständige Anspruchsgrundlage darstellt. Daher ist die eigentliche Anspruchsgrundlage aus der Vertragsart hinzuzunehmen.

Fall 6: Vertrag zugunsten Dritter

Die E hatte auf dem letzten Familientreffen die Frage ihres Großvaters G dahingehend beantwortet, dass sie die Zwischenprüfung für ihr Studium erfolgreich bestanden habe. G begab sich später zur B-Bank und richtete ein Festgeldkonto ein, auf das er 10.000 € einzahlte. In dem Bankformular hatte er als Auszahlungsberechtigte die E angegeben und dem Bankangestellten stolz erklärt: „Das Geld ist für mein fleißiges Enkelkind." Den ersten Kontoauszug händigt G anschließend der E mit dem Hinweis „für mein erfolgreiches Enkelkind" aus. Die E ist peinlich berührt und möchte nicht zugeben, dass sie die Zwischenprüfung nicht bestanden hat und fällt daher dem G um den Hals und sagt: „Danke, lieber Opi!"

1. E möchte nun gern etwas von dem Geld abheben. Kann sie von der B-Bank Auszahlung verlangen?
2. Kann G, sofern er den wahren Sachverhalt erfährt, von E Rückzahlung des abgehobenen Geldes verlangen?

Frage 1: Auszahlungsanspruch E gegen B-Bank

A. Auszahlungsanspruch E gegen B-Bank aus Festgeldkontovertrag?

E könnte gegen die B-Bank einen Anspruch aus dem Festgeldkontovertrag haben.

I. Da E den Festgeldkontovertrag mit der B-Bank **nicht selbst geschlossen** hat, kann sie nur Vertragspartei geworden sein, falls sie durch ihren Großvater vertreten wurde, § 164 Abs. 1. Hierzu müsste G im Namen der E den Vertrag geschlossen haben. Dies war nicht der Fall, vielmehr hat G offenbar den Vertrag im eigenen Namen geschlossen und lediglich die E als Drittbegünstigte angegeben. Ferner hatte E dem G auch keine Vollmacht erteilt.

II. Mangels Stellvertretung i.S.v. § 164 Abs. 1 scheidet daher ein Vertrag zwischen E und der B-Bank aus.

B. Auszahlungsanspruch E gegen B aus Festgeldkontovertrag zugunsten Dritter i.V.m. § 328

E könnte gegen B ein Auszahlungsanspruch aus Festgeldkontovertrag zugunsten Dritter i.V.m. § 328 zustehen.

In Betracht kommt aber ein Festgeldkontovertrag zugunsten Dritter, also zugunsten von E.

I. Sofern hier ein **echter Vertrag zugunsten Dritter i.S.v. § 328 Abs. 1** vorliegt, hat die E einen eigenen Erfüllungsanspruch gegen die B-Bank auf Auszahlung aus dem Kontoguthaben. Sollte hingegen ein unechter Vertrag zugunsten Dritter vorliegen, so hätte die B-Bank lediglich das Recht, mit befreiender Wirkung an E zu leisten. Das Recht, die Leistung zu fordern, hätte nur der eigentliche Vertragspartner G.

II. Ob ein **unechter Vertrag zugunsten Dritter** gewollt ist, ist durch Auslegung zu ermitteln, vgl. § 328 Abs. 2. Hier wurde im Formular der B-Bank die E als Auszahlungsberechtigte angegeben. Außerdem hatte G dem Bankangestellten stolz berichtet, dass das Geld der E zustehen solle. Somit ist von einem echten Vertrag zugunsten Dritter i.S.v. § 328 Abs. 1 auszugehen.

Daher hat E einen eigenen Erfüllungsanspruch und kann von der B-Bank Auszahlung verlangen, wenn das Festgeld fällig ist. Dieses richtet sich nach den Terminen, die im Festgeldvertrag G–B vereinbart worden sind. Sollte allerdings G weitere Beschränkungen mit der Bank vereinbart haben, z.B. Auszahlung an E erst bei Abschluss des Studiums, so wäre vorher der Anspruch der E nicht fällig.

Frage 2: Rückzahlungsanspruch G gegen E

Der G könnte gegen E einen Rückzahlungsanspruch aus **§ 812 Abs. 1 S. 1 Var. 1** haben.

I. Zunächst müsse E **etwas erlangt** haben.

E hat mit der Auszahlung des Geldbetrags eine vermögenswerte Position, nämlich Eigentum und Besitz an den ausgezahlten Geldscheinen, und damit „etwas" erlangt.

II. Dies müsste **durch Leistung des G** erfolgt sein.

Dies scheint zweifelhaft, weil E aufgrund des Vertrags zugunsten Dritter einen eigenen Erfüllungsanspruch gegen die B-Bank erlangt hatte, sodass hier eine Leistung der B-Bank an E vorliegen könnte. Jedoch wickelt die Bank nur den ihr erteilten Auftrag ab. Insofern erbringt die Bank eine Leistung an ihren Vertragspartner G. G wiederum hat aufgrund der Auszahlung durch die Bank als seine „Zahlstelle" an E geleistet. Wertungsmäßig ist daher eine Leistung des eigentlichen Kontoinhabers an den Dritten anzunehmen.[23]

III. Fraglich ist, ob dies **ohne Rechtsgrund** geschehen ist.

Im Regelfall liegt zwischen dem Gläubiger (hier G) und dem Dritten (hier E) als **sog. Valutaverhältnis ein Schenkungsvertrag** vor. Dieser bildet dann den Rechtsgrund für das Behaltendürfen der Leistung durch den Dritten.

1. Fraglich ist daher, ob hier ein **Schenkungsvertrag zwischen G und E i.S.v. § 516** vorlag.

In dem Überreichen des Kontoauszugs lag ein Angebot des G auf Abschluss eines Schenkungsvertrags. Mit dem gegenüber G erklärten Dank hat die E das Schenkungsangebot angenommen.

---

23 Staudinger/Lorenz, BGB Buch 2 §§ 812–822, 16. Aufl. 2011, § 812 Rn. 37, streitig.

2. Zwar war die erforderliche **notarielle Beurkundung gemäß § 518 Abs. 1** nicht erfolgt, sodass der Vertrag formnichtig wäre, § 125. Jedoch könnte hier Heilung gemäß § 518 Abs. 2 durch Bewirken des Geschenkes eingetreten sein. Bei einem Kontovertrag zugunsten Dritter erfolgt das Bewirken der versprochenen Leistung nicht erst mit dem Abheben des Geldbetrags, sondern bereits mit Begründung der Kontoberechtigung für den Dritten, da diese das Geschenk darstellt. Somit ist hier Heilung eingetreten, sodass ein formwirksamer Schenkungsvertrag als Rechtsgrund i.S.v. § 812 vorliegt.

Klausurtipp:
Da § 142 die rückwirkende Kraft der Anfechtung (lediglich) fingiert, ist streitig, ob dann § 812 Abs. 1 S. 2 Var. 1 (späterer Wegfall des Rechtsgrundes) oder § 812 Abs. 1 S. 1 Var. 1 (Rechtsgrund fehlt von Anfang an) gilt. Der Streit hat aber keine Klausurrelevanz, da die Rechtsfolge = Rückgewähr jeweils gleich ist.

3. Fraglich ist, ob **der Schenkungsvertrag durch Anfechtung des G gemäß §§ 119 ff. i.V.m. § 142** beseitigt werden kann.

In Betracht kommt eine Anfechtung des Schenkungsvertrags gemäß § 123 Abs. 1 wegen arglistiger Täuschung der E, die wissentlich über die angeblich bestandene Zwischenprüfung getäuscht hat. Zwar mag E hierbei nicht davon ausgegangen sein, dass diese Täuschung finanzielle Auswirkungen für sie hat. Jedoch erfordert § 123 anders als der Betrugstatbestand im Strafrecht weder eine Bereicherungsabsicht des Täuschenden noch eine Schädigung des Vermögens des Getäuschten.[24]

G könnte somit binnen Jahresfrist des § 124 den Schenkungsvertrag rückwirkend anfechten und alsdann aus § 812 Rückzahlung verlangen.

24 BGH NJW-RR 2008, 258; Palandt/Ellenberger § 123 Rn. 2.

2. Teil: Erfüllung und Erfüllungssurrogate, §§ 362 ff.

Fall 7: Erfüllung

Aufgrund eines finanziellen Engpasses hatte sich A von seinem Nachbarn B 600 € „geliehen“. Es war vereinbart worden, dass A in den nächsten beiden Monaten jeweils 300 € zurückzahlt. Im folgenden Monat klingelt A an der Haustür des B, um 300 € zu bezahlen. Da B nicht zugegen ist und seine Ehefrau C öffnet, händigt A ihr 300 € aus. Als er im Folgemonat weitere 300 € bezahlen will, trifft er niemanden an. A legt daher 300 € in einen Briefumschlag und wirft diesen in den Briefkasten des B, welcher sich im Hausflur des Mietshauses befindet. Später verlangt B von A 600 € mit der Behauptung, kein Geld zurückbekommen zu haben: Seine Frau habe ihm kein Geld ausgehändigt, ferner habe sich im Briefkasten kein Geld befunden.

1. Kann B von A 600 € verlangen?
2. Was gilt, wenn C behauptet, sie habe von A kein Geld ausgehändigt bekommen?
3. Was gilt, wenn A dem B einen Scheck über 300 € ausgehändigt hat?

Unterscheide:
- **Leihe, § 598:** Die entliehene Sache muss zurückgegeben werden.
- **Sachdarlehen, § 607:** Vergleichbare, vertretbare Sachen sind zurückzugeben.
- **Gelddarlehen, § 488:** Rückgewähr durch andere Geldscheine (bzw. Überweisung).

Frage 1: Anspruch B gegen A auf Rückzahlung von 600 €?

B könnte gegen A einen Anspruch auf Rückzahlung von 600 € aus **§ 488 Abs. 1 S. 2** haben.

A. Der **Anspruch ist entstanden**, wenn ein wirksamer Darlehensvertrag geschlossen wurde.

I. A und B müssten sich über einen **Gelddarlehensvertrag i.S.v. § 488** geeinigt haben. Zwar wollte sich A das Geld „leihen“. Jedoch würde eine Leihe voraussetzen, dass dieselben Gegenstände, hier also dieselben Geldscheine, zurückgegeben werden, was wirtschaftlich unsinnig ist. In Wirklichkeit haben daher A und B ein Gelddarlehen mit der Folge der Rückzahlung durch Hingabe anderer Geldscheine gewollt. Somit ergibt die Auslegung, dass hier ein Vertrag über ein zinsloses Gelddarlehen geschlossen wurde. Die Rückzahlung sollte in zwei gleichen Monatsraten zinsfrei erfolgen.

II. Da § 488 kein Formerfordernis aufstellt, war die Einigung auch **formfrei** möglich. Die besonderen Formvorschriften des § 492 gelten nur für ein Verbraucherdarlehen i.S.v. § 491, welches hier nicht in Betracht kommt, da der Darlehensgeber B kein Unternehmer i.S.v. § 14 ist.

Somit ist der fällige Rückzahlungsanspruch aus § 488 Abs. 1 S. 2 entstanden.

Untergang durch Erfüllung:
1. Durch Erbringen der geschuldeten Leistung
- an den Gläubiger oder seine Stellvertreter gemäß § 362 Abs. 1
- an Dritte gemäß § 362 Abs. 2

B. Der Anspruch könnte durch **Erfüllung des A gemäß § 362 untergegangen** sein.

I. Bzgl. der ersten 300 € könnte Erfüllung gemäß § 362 eingetreten sein.

1. Erfüllung gemäß § 362 Abs. 1 setzt eine Leistung an die Gläubiger voraus.

A hat die 300 € nicht an den Gläubiger B gezahlt. Es ist auch nicht ersichtlich, dass die C als Stellvertreterin für B den Geldbetrag in Empfang genom-

Dabei muss die Leistung erbracht werden:
- Bei beweglichen Sachen durch Übereignung, §§ 929 ff.
- Bei Grundstücken durch Übereignung gemäß §§ 873, 925
- Bei Forderungen durch Abtretung gemäß § 398

2. Untergang durch Erfüllung bei Erbringung einer anderen Leistung (sog. aliud)
- Falls Gläubiger aliud an Erfüllungs statt annimmt, § 364 Abs. 1
- Falls aliud = bloße neue Verbindlichkeit: noch keine Erfüllung, § 364 Abs. 2

men hat. Somit scheidet eine Leistung an den Gläubiger i.S.v. § 362 Abs. 1 aus.

2. Für Leistung an Dritte gilt gemäß **§ 362 Abs. 2** die Vorschrift des § 185. D.h. der wahre Gläubiger, hier B, muss sein Einverständnis i.S.v. § 185 dahingehend erteilt haben, dass die Leistung an den Dritten erfolgt. Dieses Einverständnis kann nach allgemeinen Grundsätzen auch konkludent erfolgen.

Bei intakter Ehe lässt sich lebensnah annehmen, dass der Gläubiger einverstanden ist, wenn an seine Ehefrau gezahlt wird, jedenfalls dann, wenn es sich nicht um rein geschäftliche oder höchstpersönliche Ansprüche handelt. Somit ist hier von einer konkludent erteilten Zustimmung des B auszugehen. Daher ist mit Zahlung der 300 € an C gemäß § 362 Abs. 2 Erfüllung eingetreten. Deswegen geht der Umstand, dass C den Geldbetrag anschließend nicht an B weitergeleitet hat, nicht mehr zulasten des A.

II. Bzgl. der weiteren 300 € ist fraglich, ob Erfüllung eingetreten ist.

1. Fraglich ist, ob eine **Erfüllung gemäß § 362 Abs. 1** bereits dadurch eingetreten ist, dass A das Geld in den **Briefkasten** des Gläubigers B eingeworfen hat. Für den Zugang einer Willenserklärung genügt gemäß § 130 Abs. 1 S. 1 die Möglichkeit der Kenntnisnahme auf Empfängerseite, sodass eine Willenserklärung mit Einwurf in den Hausbriefkasten zugegangen ist. Jedoch ist bei der Übermittlung von Geld § 270 Abs. 1 zu berücksichtigen, wonach der Schuldner Geld im Zweifel auf seine Gefahr dem Gläubiger an dessen Wohnsitz zu übermitteln hat. D.h. der Schuldner ist mit dem Risiko des Verlustes belastet. Daher war es Sache des A, dafür Sorge zu tragen, dass der Geldbetrag auch tatsächlich in die Verfügungsgewalt des B gelangt.

2. Zu überlegen ist, ob hier evtl. ein **Einverständnis des Gläubigers B** dahingehend anzunehmen ist, dass er damit einverstanden war, dass das Geld in den Briefkasten geworfen wird. Hiergegen spricht jedoch, dass ein Hausbriefkasten grundsätzlich keine Empfangsvorrichtung für Bargeldbeträge in dieser Größenordnung ist. Ein Briefkasten ist aufgrund seiner Funktion leicht zugänglich für Außenstehende wie Postboten etc. und angesichts des Standorts im Hausflur auch zu unsicher. Dementsprechend kann keine Einwilligung des Gläubigers dahingehend angenommen werden, dass der Schuldner das Geld durch Einwurf in den Briefkasten erbringen soll. Ein Briefkasten ist dazu bestimmt, Briefe, Zeitungen und Werbeprospekte etc. in Empfang zu nehmen, nicht jedoch zur Aufnahme von Geldbeträgen in bar gedacht.[25] Somit ist keine Erfüllung eingetreten.

III. Ergebnis:

B hat gegen A noch einen Rückzahlungsanspruch aus § 488 Abs. 1 S. 2 i.H.v. 300 €.

25 AG Köln, Urt. v. 29.06.2005 – 137 C 146/05, NJW 2006, 1600.

Frage 2: C bestreitet den Empfang des Geldes

Sofern C die Inempfangnahme von 300 € bestreitet, ist entscheidend, wer die Beweislast für die Erfüllung trägt.

Da die Erfüllung ein Untergangsgrund ist, welcher sich für den Schuldner günstig auswirkt, trägt nach allgemeinen Grundsätzen der Schuldner, hier also A, die Beweislast. Deswegen gewährt § 368 dem Schuldner einen Anspruch auf Erteilung einer Quittung. Da sich A hier eine Quittung seinerzeit nicht hat aushändigen lassen, wird er, wenn im späteren Prozess Aussage gegen Aussage steht, den Prozess verlieren.

Frage 3: Was gilt, wenn A dem B einen Scheck ausgehändigt hat?

I. Eine **Erfüllung gemäß § 362 Abs. 1** erfordert das Erbringen der **geschuldeten** Leistung.

Ein Untergang der Rückzahlungsforderung aus § 488 Abs. 1 S. 2 durch Erfüllung gemäß § 362 Abs. 1 erfordert, dass das ursprünglich Geschuldete als Leistung erbracht wird. Bei einer (Rück-)Zahlungsverpflichtung besteht die geschuldete Leistung grundsätzlich in einer Barzahlung oder Überweisung. Somit stellt der Scheck eine andere Leistung dar.

II. Wird eine andere als die Leistung erbracht, so richtet sich die **Erfüllung nach § 364 Abs. 1.**

1. Erfüllung tritt ein bei **Leistung an Erfüllungs statt, § 364 Abs. 1**.

Akzeptiert allerdings der Gläubiger an Erfüllungs statt die vom Schuldner angebotene andere Leistung, so tritt gemäß § 364 Abs. 1 gleichwohl Erfüllung ein.

2. Hingegen tritt (noch) keine Erfüllung ein bei **Leistung bloß erfüllungshalber, § 364 Abs. 2**.

Wenn der Schuldner gegenüber dem Gläubiger lediglich eine neue Verbindlichkeit eingeht, so ist im Zweifel anzunehmen, dass keine Annahme an Erfüllungs statt i.S.v. § 364 Abs. 1 erfolgt, sondern lediglich erfüllungshalber. Dies bedeutet, dass die ursprüngliche Forderung noch nicht untergeht, sondern lediglich so lange gestundet ist, bis der Gläubiger Befriedigung aus der neu eingegangenen Verbindlichkeit erlangen kann.

3. Hier begründet die Scheckhingabe lediglich eine neue Verbindlichkeit des Schuldners A als Aussteller des Schecks aus Art. 12 ScheckG. D.h. der Scheck beinhaltet ein bloßes weiteres Zahlungsversprechen des Schuldners, dass bei Vorlage des Schecks bei der Bank dieser eingelöst werde. Allerdings wird die Bank den Scheck nur einlösen, falls das Konto des A Deckung aufweist, was der Gläubiger B bei Entgegennahme des Schecks nicht beurteilen kann. Daher ist aus seiner Sicht ein Scheck nicht so gut bzw. so sicher wie eine (Bar-)Zahlung des Schuldners. Damit verbleibt es bei der Regelung des § 364 Abs. 2, sodass die ursprüngliche Rückzahlungsforderung aus § 488 Abs. 1 S. 2 nicht untergegangen ist.

Erst wenn der Scheck bei Vorlage an die Bank eingelöst worden ist, tritt Erfüllung ein.

Fall 8: Erfüllung an Minderjährige

Der 17-jährige M, der bereits im Besitz eines Führerscheins für betreutes Fahren ist, hat einen Kleinwagen. Schon nach kurzer Zeit erscheint ihm der Pkw zu langsam. Mit Zustimmung seiner Eltern veräußert er diesen an die Rentnerin R für 3.000 €. Es wird vereinbart, dass man sich am nächsten Montag trifft und das Fahrzeug gegen Barzahlung an R übertragen wird. Ort und Zeit sollten noch abgeklärt werden. Später ruft R den M an und schlägt vor, das Ganze auf dem Straßenverkehrsamt abzuwickeln. M ist einverstanden und fährt am Montag zum Straßenverkehrsamt, ohne hierüber seine Eltern zu informieren. Dort überreicht R in einem Briefumschlag den Kaufpreis in neuen 500 €-Scheinen an M. M, der solche Scheine noch nie gesehen hat, ist irritiert und macht anschließend mit seinen Kumpels eine „große Sause" und bringt das Geld durch. Die Eltern des M sind empört. Es sei doch wohl klar gewesen, dass das Geld für einen neuen Wagen zurückgelegt werden sollte. Der Vater des M ruft bei R an und verlangt erneute Zahlung von 3.000 €. Es könne ja wohl nicht sein, dass man einem Minderjährigen einfach Bargeld in die Hand drücke.

1. Besteht ein Anspruch des M gegen R auf Zahlung von 3.000 €?
2. Bestehen Ansprüche der R gegen M auf Rückzahlung der gezahlten 3.000 €?

Abwandlung: Was ist R zu raten, wenn sie zahlen will, andererseits die Eltern des M nicht erreichbar sind, weil sie längerfristig geschäftlich unterwegs sind, R aber befürchtet, in Verzug mit der fälligen Kaufpreisschuld zu geraten?

Frage 1: Anspruch M gegen R auf Zahlung des Kaufpreises i.H.v. 3.000 € aus § 433 Abs. 2

M könnte gegen R einen Kaufpreisanspruch i.H.v. 3.000 € aus § 433 Abs. 2 haben.

A. Der **Kaufpreisanspruch entsteht** mit wirksamen Kaufvertrag.

Der Kaufpreiszahlungsanspruch aus § 433 Abs. 2 entsteht mit Abschluss eines wirksamen Kaufvertrags i.S.v. § 433. Da ein Kaufvertrag nicht ausschließlich rechtlich vorteilhaft i.S.v. § 107 ist, bedurfte er der Zustimmung der Eltern. Eine solche Zustimmung der Eltern als gesetzliche Vertreter i.S.v. § 1629 lag hier vor. Somit bestand ein wirksamer Kaufvertrag, wodurch der Kaufpreisanspruch entstanden ist.

B. Der Kaufpreisanspruch könnte aufgrund der Zahlung der R an M durch Erfüllung **gemäß § 362 Abs. 1 erloschen** sein.

I. Voraussetzung ist zunächst ein **Bewirken der Leistung**.

§ 362 Abs. 1 erfordert, dass die geschuldete Leistung „bewirkt" wird. Es muss also der geschuldete Leistungserfolg eintreten. D.h. im Falle einer vereinbarten Barzahlung des Kaufpreises, dass Geldscheine gemäß § 929 S. 1 übereignet werden. Fraglich ist daher, ob eine wirksame Übereignung erfolgt ist.

1. Dies erfordert zunächst eine **dingliche Einigung i.S.v. § 929**.

Wegen der Minderjährigkeit des M ist fraglich, ob die dingliche Einigung mit R im Straßenverkehrsamt wirksam ist. Jedoch ist der Eigentumserwerb am Geld für den Minderjährigen rechtlich vorteilhaft i.S.v. § 107, sodass er diese Willenserklärung selbst abgeben konnte. Etwas anderes würde gelten, wenn man als rechtlichen Nachteil den Untergang des Erfüllungsanspruchs aus § 433 Abs. 2 ansieht. Jedoch ist das Erfüllungsgeschäft aufgrund des Trennungs- und Abstraktionsprinzips abstrakt. Daher ist die dingliche Einigung i.S.v. § 929 isoliert zu betrachten und damit rechtlich vorteilhaft. Hier kann deswegen offenbleiben, ob durch das sachenrechtliche Geschäft die Forderung nach § 433 Abs. 2 erlischt oder nicht. Somit liegt eine wirksame dingliche Einigung i.S.v. § 929 vor.

2. Die **Übergabe des Geldes** von R an M i.S.v. § 929 S. 1 ist erfolgt.

3. Berechtigung der R

R war offenbar verfügungsbefugte Eigentümerin des Geldes und somit Berechtigte.

Folge: M hat Eigentum am Geld erlangt, sodass dieses als „bewirkt" i.S.v. § 362 Abs. 1 anzusehen ist.

II. Würde allein die Übereignung des Geldes zu einer Erfüllung führen, wäre der Anspruch auf Kaufpreiszahlung erloschen. Ein solches Ergebnis würde dem **Minderjährigenschutz** widersprechen. Je nach **Erfüllungstheorie** gibt es unterschiedliche Ansätze, um dieses Ergebnis zu vermeiden:

Klausurtipp:
Bei einem Meinungsstreit sollte man nicht „mit der Tür ins Haus fallen", sondern erst den Ausgangspunkt des Streits herleiten.

1. Nach der **Vertragstheorie** ist ein auf die Aufhebung des Erfüllungsanspruchs gerichteter Vertrag erforderlich, der zusätzlich neben dem schuldrechtlichen Kaufvertrag und der dinglichen Einigung i.S.v. § 929 (ggf. konkludent) geschlossen wird.[26] Für diesen Vertrag gelten die §§ 104 ff. Da dieser Vertrag zur Aufhebung des Erfüllungsanspruchs führt, ist er rechtlich nachteilig, sodass der Minderjährige ihn gemäß §§ 107, 108 nur mit Zustimmung seiner Eltern schließen kann. Da diese hier hinsichtlich der Geldzahlung nicht zugestimmt haben, tritt mithin nach dieser Auffassung trotz wirksamer Übereignung des Geldes keine Erfüllung ein. Eine Ausnahme gilt aufgrund der Wertung des § 110 bei Taschengeldgeschäften, da hierfür der Minderjährige nicht die Zustimmung seiner Eltern benötigt. Ein solcher Fall liegt hier jedoch nicht vor, sodass keine Erfüllung eingetreten ist.

2. Nach der **Zweckvereinbarungstheorie** ist neben dem Kaufvertrag und der dinglichen Einigung i.S.v. § 929 eine Einigung über den Zweck der Leistung erforderlich.[27] Für diese Zweckvereinbarung gelten die §§ 104 ff. zumindest analog. Demnach würde auch die Zweckvereinbarungstheorie eine Erfüllung ablehnen.

Klausurtipp:
Bei Darstellung eines Meinungsstreits muss am Ende der jeweiligen Meinung das Ergebnis zum konkreten Fall geschildert werden.

3. Nach der **h.M.** ist kein zusätzlicher Vertrag über die Erfüllung erforderlich. Vielmehr ist die **Erfüllung als realer Tilgungsakt** im Sinne der Herbeiführung des Leistungserfolges anzusehen.[28] Jedoch wird bei Minderjährigen die sogenannte Empfangszuständigkeit abgelehnt. Empfangszuständig sind die Eltern als gesetzliche Vertreter (§ 1629 Abs. 1 S. 2), sodass nach dieser Auffassung Erfüllung nur dann eintritt, wenn die Eltern von vornhe-

---

26 Fikentscher/Heinemann, Schuldrecht, 11. Aufl. 2011, Rn. 313 ff.

27 Erman NJW 1969, 1833.

28 MünchKomm/Wenzel, BGB, Band 2 §§ 241–432, 7. Aufl. 2015, § 392 Rn. 9.

rein zugestimmt haben oder im Nachhinein eine Genehmigung erteilen.[29] Da hier eine Zustimmung der Eltern fehlte, ist keine Erfüllung eingetreten.

Da alle Auffassungen zu dem gleichen Ergebnis gelangen, ist eine Stellungnahme entbehrlich.

Folge: Der Anspruch auf Kaufpreiszahlung M gegen R ist nicht untergegangen. R ist daher nach wie vor verpflichtet, 3.000 € zu zahlen.

Frage 2: Anspruch der R gegen M auf Rückzahlung der ausgezahlten 3.000 €?

I. Dem R könnte gegen M ein Anspruch auf **Schadensersatz aus § 823 Abs. 1** i.H.d. ausgezahlten 3.000 € zustehen.

Eine Eigentumsverletzung des M gegenüber R durch Verprassen des Geldes scheitert daran, dass M zuvor selbst wirksam Eigentum gemäß § 929 S. 1 an dem Geld erworben hat. Mithin scheidet § 823 Abs. 1 aus.

Anmerkung: *Hier wird der Vorteil der zuvor aufgezeigten „gespaltenen Lösung" für den Minderjährigenschutz deutlich: Es ist zwar keine Erfüllung eingetreten, jedoch ist M Eigentümer des Geldes geworden, sodass er nicht aus § 823 Abs. 1 haftbar gemacht werden kann.*

II. R gegen M auf Rückgewähr aus § 812 Abs. 1 S. 1 Var. 1

In Betracht kommt ein bereicherungsrechtlicher Rückgewähranspruch des R gegen M aus § 812 Abs. 1 S. 1 Var. 1.

1. M müsste **etwas erlangt** haben.

M hat Eigentum und Besitz an den 3.000 € und damit ein vermögenswertes „Etwas" i.S.v. § 812 erlangt.

2. Die müsste **durch Leistung der R** erfolgt sein.

Die R hat bewusst und zweckgerichtet an M die Zuwendung erbracht, mithin geleistet. Sofern man, je nach Erfüllungstheorie, die Empfangszuständigkeit des M ablehnt, lässt sich auch vertreten, dass diese Leistung nicht an M erfolgt ist. Dann liegt jedoch das Merkmal „in sonstiger Weise auf Kosten von R" i.S.v. § 812 Abs. 1 S. 1 Var. 2 vor.

3. Fraglich ist, ob dies **ohne Rechtsgrund** geschehen ist.

Zwar besteht ein wirksamer Kaufvertrag, § 433, zwischen R und M (s.o. Frage 1, A.), welcher grundsätzlich den Rechtsgrund bildet. Auch bei einem wirksamen Vertrag erfolgt aber die Leistung ohne Rechtsgrund, sofern an diesem vorbeigeleistet wird. Dies ist insbesondere der Fall, wenn an einen Falschen geleistet wurde. Hier ist M zwar Vertragspartei des Kaufvertrags. Jedoch fehlt ihm nach h.M. die Empfangszuständigkeit, also hat R an einen Falschen geleistet. Damit hat M die 3.000 € ohne Rechtsgrund erlangt.

4. Rechtsfolge: Grundsätzlich schuldet M zwar gemäß § 812 Rückgewähr der empfangenen konkreten Geldscheine. Da diese aber gegenständlich nicht mehr vorhanden sind, ist gemäß **§ 818 Abs. 2 Wertersatz** geschuldet.

Klausurtipp:
Da in einer Klausur nur der konkrete Fall zu lösen ist und keine generellen Statements verlangt werden, ist eine Stellungnahme entbehrlich, wenn alle Auffassungen zu demselben Ergebnis gelangen.

Klausurtipp:
Ob sich auch ein **minderjähriger Schwarzfahrer/Schwarzflieger** später auf Entreicherung unter dem Aspekt „Luxusaufwand" berufen kann, erscheint angesichts seines listigen Vorgehens zweifelhaft. Wer konsequent die Empfangszuständigkeit bei den Eltern sieht, muss auf deren Gutgläubigkeit abstellen und dementsprechend Entreicherung bejahen, also Ansprüche aus §§ 812, 818 Abs. 2 ablehnen. Andere hingegen stellen analog §§ 828, 829 auf den Minderjährigen selbst ab. Da dieser bösgläubig ist, kann er sich dann gemäß § 819 Abs. 1 i.V.m. § 818 Abs. 4 nicht auf Entreicherung berufen und haftet aus §§ 812, 818 Abs. 2.

Ansprüche aus §§ 823 ff. i.V.m. § 828 scheitern i.d.R. daran, dass dem Beförderer kein Schaden entsteht, weil er weder einen anderen Fahrgast abweisen musste noch mehr Treibstoff verbraucht hat.

29 Soergel/Zeiss, BGB Schuldrecht 1/2, 14. Aufl. 2016, Vor § 263 Rn. 8.

a) Sofern **M entreichert** ist, schuldet er keine Rückgewähr, **§ 818 Abs. 3**.

Zwar hat M das Geld ausgegeben. Jedoch hat er hierfür Gegenleistungen erhalten, für die er sonst anderweitig Aufwendungen hätte tätigen müssen. Somit ist die Aufwendungsersparnis grundsätzlich noch als Bereicherung vorhanden.

Eine Ausnahme gilt lediglich bei sogenannten Luxusaufwendungen, sofern der Bereicherungsempfänger geltend machen kann, dass er sich sonst derartige Ausgaben nicht hätte leisten können. Dies erscheint bei einem Minderjährigen, der eine „große Sause" macht, naheliegend.

b) In Betracht kommt aber eine **verschärfte Haftung** des M, **§ 819 Abs. 1 i.V.m. § 818 Abs. 4**.

Sofern M verschärft haftet, kann er sich aber nicht auf Entreicherung berufen, weil über § 818 Abs. 4 dann die allgemeinen Vorschriften aus dem Schuldrecht AT, §§ 241 ff., insbesondere § 292, gelten.

aa) Da M wusste, dass er ohne Absprache mit den empfangszuständigen Eltern das Geld kassierte, kommt **Bösgläubigkeit** des M i.S.v. **§ 819 Abs. 1** in Betracht.

Zum Schutze des Minderjährigen stellt jedoch die h.M. bei Beurteilung der Bösgläubigkeit nicht auf ihn, sondern auf die empfangszuständigen Eltern ab. Da diese nichts von dem Empfang des Geldes wussten, liegt keine Bösgläubigkeit i.S.v. § 819 Abs. 1 vor.

bb) Folge: Somit ist der Entreicherungseinwand i.S.v. § 818 Abs. 3 dem M nicht verwehrt. Danach schuldet M der R keine Rückgewähr.

Lösung der Abwandlung:

I. Hinterlegung, § 372

Die R sollte das Geld bei der Hinterlegungsstelle beim Amtsgericht hinterlegen. Gemäß § 372 können Geld, Wertpapiere, Urkunden sowie Kostbarkeiten hinterlegt werden, wenn der Gläubiger im Annahmeverzug ist (§ 293) oder wenn der Schuldner aus einem anderen, in der Person des Gläubigers liegenden Grund nicht erfüllen kann. Gründe in der Person des Gläubigers können sein: unbekannter Aufenthalt, Verschollenheit, aber auch bei beschränkter Geschäftsfähigkeit des Gläubigers das Fehlen eines gesetzlichen Vertreters.[30] Wegen der Abwesenheit der Eltern ist hier Letzteres einschlägig.

II. Wirkung der Hinterlegung, § 378

Die rechtmäßige Hinterlegung, die die Voraussetzungen des § 372 erfüllt, hat gemäß § 378 schuldbefreiende Wirkung, sobald das Rücknahmerecht des Schuldners aus § 376 ausgeschlossen ist. Gemäß § 378 erlischt dann die Kaufpreisschuld für R, „wie wenn sie zur Zeit der Hinterlegung an den Gläubiger geleistet hätte".

---

30 Palandt/Grüneberg § 372 Rn. 5.

Fall 9: Reihenfolge der Tilgung

Gläubiger G hat gegen Schuldner S zwei Kaufpreisforderungen sowie eine Darlehensforderung i.H.v. insgesamt 11.000 €. Hinzu kommen Zinsansprüche für das Darlehen sowie Verzugszinsen bzgl. der Kaufpreisforderungen i.H.v. 800 €. Auf mehrfaches Drängen des G zahlt S schließlich 6.100 €. G ist es leid, sich mit S noch herumzuärgern und möchte seine Forderung daher auf ein Inkassounternehmen übertragen. Angesichts der Teilzahlung des S ist er sich jedoch unsicher, welche Forderung überhaupt noch besteht.

G bittet um Rechtsauskunft, welche Forderung noch existiert und dementsprechend übertragen werden kann.

Abwandlung: S hat die Restsumme an A, einen Angestellten des G, gezahlt. G macht jedoch geltend, dass A nicht ermächtigt gewesen sei, zu kassieren, und das Geld auch nicht an ihn weitergeleitet habe. S legt jedoch eine Quittung vor, welche von G ausgefüllt und unterschrieben und ihm, S, von A überreicht worden ist. Aufgrund dieses Umstandes ist S davon ausgegangen, es sei alles in Ordnung.

Kann G von S noch Zahlung der Restsumme verlangen?

Anrechnung der Leistung auf mehrere Forderungen:
1. Bestimmungsrecht des Schuldners, § 366 Abs. 1
2. Gesetzliche Reihenfolge, § 366 Abs. 2
3. Anrechnung der Zinsen und Kosten gemäß § 367

I. Anrechnung der Leistung auf mehrere Forderungen ist in **§ 366** geregelt.

1. Grundsätzlich hat das **Bestimmungsrecht der Schuldner, § 366 Abs. 1.**

Ist der Schuldner dem Gläubiger aus mehreren Schuldverhältnissen zu gleichartigen Leistungen verpflichtet und reicht das von ihm Geleistete nicht zur Tilgung sämtlicher Schulden aus, so wird gemäß § 366 Abs. 1 grundsätzlich diejenige Schuld getilgt, welche der Schuldner bei der Leistung bestimmt. Demnach hat grundsätzlich der Schuldner das Bestimmungsrecht. Hier hat jedoch S bei seiner Teilzahlung i.H.v. 6.100 € keine Leistungsbestimmung getroffen.

2. Andernfalls gilt die **gesetzliche Reihenfolge gemäß § 366 Abs. 2**.

Trifft der Schuldner keine Leistungsbestimmung, so ergibt sich die Reihenfolge aus dem Gesetz. Gemäß § 366 Abs. 2 wird in folgender Reihenfolge getilgt: Zunächst die fällige Schuld, unter mehreren fälligen Schulden diejenige, welche dem Gläubiger geringere Sicherheiten bietet, unter mehreren gleich sicheren die dem Schuldner lästigere und unter mehreren gleich lästigen die ältere Schuld und bei gleich alten Schulden erfolgt verhältnismäßige Tilgung.

Da hier alle Forderungen fällig waren und ohne Sicherheit bestanden, ist entscheidend, welche „lästiger" war. Lästiger ist die Schuld, die höher verzinslich ist oder durch Vertragsstrafe verschärft oder bereits eingeklagt ist.[31] Dies ist hier abhängig vom vereinbarten Zinssatz des Darlehens und von der Höhe der Verzugszinsen (§ 288).

---

31 Palandt/Grüneberg § 366 Rn. 11.

II. Die **Anrechnung auf Zinsen und Kosten** ist in **§ 367** geregelt.

Hat der Schuldner außer der Hauptleistung auch Zinsen und Kosten zu entrichten, so wird gemäß § 367 Abs. 1 eine zur Tilgung der ganzen Schuld nicht ausreichende Leistung zunächst auf die Kosten, dann auf die Zinsen und erst zuletzt auf die Hauptleistung angerechnet.

Bestimmt der Schuldner eine andere Anrechnung, so kann der Gläubiger die Annahme der Leistung gemäß § 367 Abs. 2 ablehnen.

Lösung der Abwandlung:

Fraglich ist, ob dem G gegen S noch ein **Anspruch auf Zahlung der Restsumme** zusteht.

I. In Betracht kommt ein **Untergang durch Erfüllung gemäß § 362 Abs. 2**.

Da S nicht direkt an den Gläubiger G, sondern an einen Dritten (A) geleistet hat, tritt gemäß § 362 Abs. 2 Erfüllung nur dann ein, wenn der Dritte vom Gläubiger G entsprechend § 185 Abs. 1 ermächtigt worden ist, die Leistung in Empfang zu nehmen. Dadurch, dass G die auf den Schuldner S ausgestellte Quittung übergeben hat, könnte eine konkludente Erteilung einer Inkassovollmacht, aber auch die Bestellung zum Empfangsboten oder eine sonstige Ermächtigung zum Empfang der Leistung bestehen. Welche Qualität die Übergabe der Quittung an den Überbringer hat, ist durch Auslegung nach den Umständen des Einzelfalls zu ermitteln.[32] Hier sind die genaueren Umstände nicht bekannt, sodass eine Auslegung nicht möglich ist.

II. Es könnte **schuldbefreiende Wirkung gemäß § 370** eingetreten sein.

Gemäß § 370 gilt der Überbringer einer Quittung als ermächtigt, die Leistung zu empfangen, sofern nicht die dem Leistenden bekannten Umstände der Annahme einer solchen Ermächtigung entgegenstehen. Da hier S keine gegenteilige Kenntnis hatte, ist er zumindest in seinem Vertrauen auf den durch die Ausstellung der Quittung geschaffenen Rechtsschein geschützt und daher nach § 370 von seiner Zahlungspflicht frei geworden.

Klausurtipp:
Nach dem eindeutigen Wortlaut des § 370 schadet nur Kenntnis des Leistenden vom Gegenteil. Fahrlässigkeit dagegen begründet keine Bösgläubigkeit.

Anmerkung: *Ggf. muss G das Geld von A aus § 280 Abs. 1 i.V.m. § 249 Abs. 1 sowie aus § 816 Abs. 2 herausverlangen.*

32 Palandt/Grüneberg § 370 Rn. 1.

Fall 10: Inzahlunggabe

V betreibt ein Fachgeschäft für Wassersport. Er hat dem K eine neue Taucherausrüstung für 5.000 € verkauft. Auf Drängen des K hat V die alte Ausrüstung des K zu einem Preis von 800 € unter gleichzeitiger Verrechnung mit dem Neupreis in Zahlung genommen. K zahlt daher an V noch 4.200 €. Später kann V die in Zahlung genommene Ausrüstung jedoch nur zu einem Preis von 600 € veräußern, was auch ihrem objektiven Wert entspricht. V verlangt daher noch 200 € von K. Zu Recht?

Abwandlung: V hat dem K nur zugesagt, er werde sich um die Weiterveräußerung der gebrauchten Ausrüstung kümmern. Bei Weiterveräußerung soll der erzielte Erlös mit dem Neupreis verrechnet werden. Ein etwaiger Mehrerlös soll dem V zustehen. V gelingt es nur, einen Interessenten zu vermitteln, der lediglich 600 € zahlt. V verlangt von K noch 200 €. Zu Recht?

V könnte gegen K einen Anspruch auf den Restkaufpreis i.H.v. 200 € aus § 433 Abs. 2 **haben**.

A. Der Anspruch **entsteht** mit wirksamem Kaufvertrag.

Ursprünglich wurde ein wirksamer Kaufvertrag über einen Neupreis von 5.000 € geschlossen, wodurch der Kaufpreisanspruch aus § 433 Abs. 2 entstanden ist.

B. Der **Anspruch** könnte **untergegangen** sein.

I. Durch **Zahlung des K i.H.v. 4.200 € ist Erfüllung gemäß § 362 Abs. 1** eingetreten, mithin der Anspruch in dieser Höhe untergegangen.

II. Fraglich ist, ob ein **Untergang i.H.v. 800 € gemäß § 364 Abs. 1** eingetreten ist.

1. Erforderlich ist zumindest eine **Annahme an Erfüllungs statt** durch den Gläubiger, also V.

Sofern der Verkäufer die alte Ausrüstung des K anstelle der ursprünglich geschuldeten Barzahlung i.H.v. 800 € an Erfüllungs statt angenommen hat, ist in dieser Höhe der Anspruch gemäß § 364 Abs. 1 untergegangen. Nimmt der Verkäufer etwas anderes entgegen, so muss er zum Ausdruck bringen, dass er dieses anstelle des ursprünglich geschuldeten Leistungsgegenstandes als Erfüllung akzeptiert. Nimmt ein Verkäufer im Rahmen der Inzahlungnahme vorbehaltslos und unter sofortiger Verrechnung mit dem Neupreis eine gebrauchte Sache in Zahlung, so dokumentiert er hierdurch, dass er diese an Zahlungs statt i.S.v. § 364 Abs. 1 entgegennimmt. Der sofortige Untergang des Kaufpreisanspruchs in vereinbarter Höhe ist auch für den Kunden wichtig, weil dieser nichts mehr mit der Gebrauchtsache zu tun haben will und andererseits aber auch keinen Restkaufpreis mehr schulden will. Somit ist hier von einer Annahme an Erfüllungs statt auszugehen.

2. Fraglich ist jedoch, wie sich der Umstand auswirkt, dass der für die Ausrüstung in Ansatz gebrachte Wert von **800 € nicht realisierbar** war, sondern offenbar nur i.H.v. 600 €.

a) Dieser Umstand könnte unter die **Gewährleistungspflicht des Schuldners gemäß § 365** fallen.

Wird eine Sache an Erfüllungs statt i.S.v. § 364 Abs. 1 hingegeben, so hat der Schuldner der ursprünglichen Leistung, hier also der Käufer, wegen Mängeln der hingegebenen Sache in gleicher Weise wie ein Verkäufer Gewähr zu leisten. Die Rechte des Gläubigers (Händlers) ergeben sich dann bzgl. der Gebrauchtsache aus dem Gewährleistungsrecht, §§ 437 ff. Vorliegend war aber die in Zahlung gegebene Ausrüstung nicht mangelhaft i.S.v. § 434. Es war lediglich der in Ansatz gebrachte Wert von 800 € nicht realisierbar. Dieser Umstand stellt keinen Sachmangel i.S.v. § 434 dar, sodass hier § 365 i.V.m. §§ 434 ff. nicht einschlägig ist.

Bei Vorliegen eines Mangels ist aber zu prüfen, ob nicht ein (konkludenter) Gewährleistungsausschluss vorliegt.[33]

b) Da hier der in Ansatz gebrachte Wert von 800 € nicht realisierbar war, könnte die **Geschäftsgrundlage** für die Inzahlungnahme **gestört** sein. Im Wege der Vertragsanpassung könnte dann V gemäß **§ 313 Abs. 1** ggf. eine Restzahlung von 200 € verlangen. Jedoch setzt das Institut der Störung der Geschäftsgrundlage voraus, dass der betreffende Umstand nicht ausschließlich im Risikoreich einer Partei liegt. Das Institut dient nicht dazu, einseitige Risiken abzuwälzen.

Klausurtipp: Gewährleistungsrecht ist lex specialis zu § 313 und daher vor Störung der Geschäftsgrundlage zu prüfen.

Vorliegend ist zu berücksichtigen, dass ein Fachhändler, der eine Gebrauchtsache in Zahlung nimmt, deren Wert genau taxieren kann. Insofern ist es nur gerecht, ihm das Risiko allein zuzuweisen. Anderenfalls könnte er durch zu hohe Kalkulation der in Zahlung genommenen Sache den insofern unerfahrenen Käufer zu einem Neukauf locken, um dann anschließend den Käufer wieder mit der Differenz zu belasten. Daher trägt der Verkäufer das Risiko der Werteinschätzung der in Zahlung genommenen Sache.[34] Somit scheidet hier § 313 aus. Der Restkaufpreisanspruch i.H.v. 800 € ist daher gemäß § 364 Abs. 1 untergegangen.

Ergebnis: Es besteht kein Restkaufpreisanspruch V gegen K.

Lösung der Abwandlung:

Dem V könnte gegen K ein Anspruch auf Zahlung des Restkaufpreises aus **§ 433 Abs. 2** zustehen.

A. Mit dem wirksamen Kaufvertrag ist der Anspruch aus § 433 Abs. 2 ursprünglich i.H.v. 5.000 € **entstanden**.

B. Der **Anspruch** könnte **untergegangen** sein.

I. Durch die Zahlung ist **Erfüllung i.H.v. 4.200 €** eingetreten, **§ 362 Abs. 1.**

II. Da nunmehr V die alte Ausrüstung nicht fest in sein Vermögen übernommen, sondern nur eine Vermittlung versprochen hat, scheidet eine Annahme durch V **an Erfüllungs statt i.S.v. § 364 Abs. 1** aus.

III. Ein **Untergang** könnte aber **durch Aufrechnungsvereinbarung i.H.v. 600 €** erfolgt sein.

Da zwischen V und K vereinbart war, dass bei Weiterveräußerung der Taucherausrüstung der erzielte Erlös verrechnet wird, ist insofern i.H.v. 600 €

33 BGH v. 19.12.2012 – VIII ZR 117/12, RÜ 2013, 150.

34 Palandt/Grüneberg § 365 Rn. 2; Palandt/Weidenkaff § 480 Rn. 6, 7.

eine Aufrechnungsvereinbarung erfolgt und damit in dieser Höhe der Kaufpreisanspruch durch Verrechnung untergegangen.

IV. Somit verbleibt eine **Restforderung von 200 € für V**.

C. Fraglich ist, ob die Restforderung i.H.v. 200 € **durchsetzbar** ist.

Dies ist nicht der Fall, wenn dem K eine Einrede zusteht.

Arten der Inzahlungnahme:

1. Inzahlungnahme: Nimmt der Händler die Gebrauchtsache in sein Vermögen, so handelt es sich nach h.M. um eine Entgegennahme an Erfüllungs statt, sodass gemäß § 364 Abs. 1 Erfüllung eintritt.

2. Agenturvertrag: Der Händler nimmt die Gebrauchtsache nicht in sein Vermögen. Vielmehr verpflichtet er sich lediglich, die Gebrauchtsache im Namen und für Rechnung des Käufers der neuen Sache zu veräußern und anschließend den erzielten, anzurechnenden Mindestpreis auf den Neuwarenpreis zu verrechnen, wobei ein etwaig erzielter Mehrerlös dem Händler als Provision verbleibt.

I. In Betracht kommt die **Einrede der Stundung** aus dem Kaufvertrag zwischen V und K.

Hier hat sich V verpflichtet, sich um die Veräußerung der Gebrauchtsache zu kümmern, sog. Agenturvertrag. D.h., der Händler akquiriert Kunden und veräußert dann im Namen des Vorbesitzers und für dessen Rechnung die Gebrauchtsache an den Kunden. Anschließend wird der erzielte Erlös mit dem Kaufpreis über die neue Sache verrechnet. Ein etwaig erzielter Mehrerlös für die Gebrauchtsache verbleibt beim Händler als Provision. Da nach dieser Abrede die Verrechnung erst stattfindet, wenn die Gebrauchtsache weiterveräußert worden ist, ergibt sich hieraus konkludent die Vereinbarung der Stundung des Neupreises i.H.d. für die Gebrauchtsache angesetzten Wertes.[35] Also ist die Zahlungspflicht des K aus dem Kaufvertrag i.H.v. 800 € zunächst bis zur Durchführung des Agenturvertrags durch V gestundet gewesen.

II. Dem könnte das **Realisierungsrisiko** entgegenstehen.

Fraglich ist jedoch, wie sich der Umstand verhält, dass hier eine Weiterveräußerung nur i.H.v. 600 € möglich war. Insofern könnte die Stundungsabrede i.H.d. Differenz von 200 € weggefallen sein. Wie bereits im Ausgangsfall ausgeführt, trägt jedoch der Händler als Fachmann das Risiko der realistischen Werteinschätzung.[36]

Da eine weitergehende Realisierung für V nicht möglich ist, läuft dies darauf hinaus, dass nach der zwischenzeitlichen Verrechnung die Differenz von 200 € dauerhaft gestundet ist.

Ergebnis: V hat daher keinen (durchsetzbaren) Restkaufpreisanspruch mehr.

---

35 Vgl. BGH NJW 1980, 2190.

36 BGH WM 1982, 710 f.

Fall 11: Aufrechnung

A hatte B Anfang 2014 den Auftrag erteilt, ein Bild des A für 2.000 € zu veräußern, was dem B schon nach zwei Wochen gelang. Da B sich in der Folgezeit weigerte, die erzielten 2.000 € an A herauszugeben, hat A den B auf Herausgabe der 2.000 € im Februar 2017 verklagt. B rechnet hiergegen mit einer Schadensersatzforderung i.H.v. 1.900 € auf. Er habe nämlich jetzt erst erfahren, dass A derjenige war, der im Jahre 2012 die Motorhaube seines Pkw zerkratzt habe. A habe kürzlich in einer Kneipe damit geprahlt, sich so über die ausgespannte Freundin an B gerächt zu haben, was B schon immer geahnt hatte. A bestreitet den Vorgang nicht, sondern ist der Auffassung, dass B mit einer derartigen Forderung nicht aufrechnen könne, zumal der Anspruch auch verjährt sei. Wie wird das Gericht entscheiden?

Abwandlung:

Nach einem Streit über die Freundin kam es zwischen A und B zu einer tätlichen Auseinandersetzung. Hierdurch erlitt A einen Kieferbruch und B eine Gehirnerschütterung. A klagt gegen B auf ein – unter Berücksichtigung seines Mitverschuldens – angemessenes Schmerzensgeld i.H.v. 3.000 €. B rechnet auf mit eigenen Schadensersatz- und Schmerzensgeldansprüchen i.H.v. 5.800 € und beantragt Klageabweisung. Zu Recht?

Das Gericht prüft, ob der von A gegen B eingeklagte Anspruch (noch) besteht.

A könnte gegen B einen **Anspruch auf Herausgabe** des erzielten Erlöses i.H.v. 2.000 € aus **§ 667** haben.

A. Der **Anspruch** könnte **entstanden** sein.

I. Zwischen A und B wurde seinerzeit ein Auftragsvertrag i.S.v. § 662 geschlossen.

II. Gemäß § 667 bestand daher ein Anspruch des A gegen B auf Herausgabe des in Ausführung des Auftrags erlangten Betrags von 2.000 €.

Damit ist der Anspruch A gegen B aus § 667 entstanden.

B. Der Anspruch könnte **durch Aufrechnung des B i.H.v. 1.900 €** gemäß § 389 **untergegangen** sein.

I. B hat im Prozess die **Aufrechnung gemäß § 388 ausdrücklich erklärt**, sodass diese auch dem Kläger A zugegangen ist. Ein Formerfordernis besteht für die Aufrechnungserklärung nicht; ebenso wenig Erklärungsfristen.

II. Ferner müsste eine **Aufrechnungslage i.S.v. § 387** bestehen.

1. Dies erfordert zunächst eine **Gegenseitigkeit der Forderungen.**

a) A hat gegen B aus § 667 einen Anspruch auf Herausgabe der 2.000 € (s.o. A.).

b) B hat gegen A aus § 823 Abs. 1 sowie aus § 823 Abs. 2 i.V.m. § 303 StGB einen Schadensersatzanspruch i.H.v. 1.900 €.

Bei Aufrechnung ist zu unterscheiden:

I. Aufrechnung, §§ 387 ff. = einseitiges Rechtsgeschäft

⇨ Nur wirksam, wenn Voraussetzungen der §§ 387 ff. erfüllt sind:

1. Aufrechnungserklärung, § 388

2. Aufrechnungslage, § 387:

- Gegenseitigkeit der Forderungen
- Gleichartigkeit der Forderungen
- Erfüllbarkeit der Hauptforderung
- Durchsetzbarkeit der Gegenforderung

3. Kein Ausschlussgrund, §§ 391 ff.

II. Aufrechnungsvertrag:

Aufgrund der Vertragsfreiheit kann unabhängig von den vorgenannten Voraussetzungen eine Aufrechnung zwischen den Parteien vereinbart werden.

2. Des Weiteren müsste **Gleichartigkeit der Forderungen** bestehen.

Diese erfordert, dass beide Forderungen auf Geld gerichtet sind. Nicht erforderlich ist, dass die Anspruchsgrundlage gleich ist oder dass Anspruch und Gegenanspruch aus demselben Rechtsverhältnis stammen (sog. Konnexität, welche nur beim Zurückbehaltungsrecht gemäß § 273 verlangt wird). Hier ist die Gleichartigkeit fraglich, da der Schadensersatzanspruch des B ein Geldanspruch ist, während der Anspruch des A aus § 667 ein Herausgabeanspruch ist. Andererseits richtet sich hier die Herausgabepflicht des B letztlich auf eine Geldsumme, sodass es zu formalistisch wäre, eine Gleichartigkeit abzulehnen. Die Intention des Gesetzgebers, letztlich Vereinfachung durch Verrechnung zu schaffen, gebietet es, die Gleichartigkeit in diesem Fall zu bejahen.[37]

3. Weitere Voraussetzung der Aufrechnung ist die **Erfüllbarkeit der Hauptforderung**.

Die Hauptforderung des A war erfüllbar (gemäß § 271 Abs. 1 Var. 2 im Zweifel sofort).

4. Ferner ist die **Durchsetzbarkeit der Gegenforderung** erforderlich.

Die Gegenforderung des Aufrechnenden, hier des B, muss fällig und einredefrei sein, § 390. Hier hat A gemäß § 214 Abs. 1 die Einrede der Verjährung erhoben, da die Forderung des B aus § 823 gemäß § 195 i.V.m. § 199 Abs. 1 innerhalb von drei Jahren ab Jahresende und Kenntnis des Anspruchstellers vom Anspruch bzw. grob fahrlässige Unkenntnis hiervon verjährt.

Unabhängig von der Frage der Kenntniserlangung des B von seinem Anspruch (§ 199 Abs. 1) schließt jedoch gemäß § 215 eine Verjährung der Gegenforderung die Aufrechnung nicht aus, wenn die verjährte Forderung zu der Zeit, zu der sie gegen die Hauptforderung aufgerechnet werden konnte, noch nicht verjährt war. Hier standen sich beide Forderungen erstmalig aufrechenbar im Jahre 2014 gegenüber. Zu diesem Zeitpunkt war die Forderung des B aus § 823 noch nicht verjährt.

Damit ist eine Aufrechnungslage i.S.v. § 387 gegeben.

III. Die Aufrechnung darf nicht **ausgeschlossen** sein, **§§ 391 ff.**

Klausurtipp:
§ 393 enthält somit nur ein einseitiges Aufrechnungsverbot, um den Schädiger zu sanktionieren.

Zu beachten ist, dass § 393 von vornherein nur bei vorsätzlich begangener unerlaubter Handlung gilt.

Gemäß § 393 kann **gegen** eine Forderung aus vorsätzlich begangener unerlaubter Handlung nicht aufgerechnet werden. D.h. der Schädiger, hier A, kann nicht aufrechnen. Umgekehrt kann der Geschädigte, hier B, durchaus **mit** seinem Anspruch aus § 823 die Aufrechnung erklären.

IV. Rechtsfolge der Aufrechnung, § 389: Gemäß § 389 bewirkt die Aufrechnung eine rückwirkende Verrechnung bezogen auf den Punkt, in dem sich zum ersten Mal beide Forderungen aufrechenbar gegenüberstanden, hier im Jahre 2012. Hierdurch entfallen zwischenzeitlich eingetretene Rechtsfolgen wie z.B. Verzug, Verzinslichkeit etc.

Ergebnis: Aufgrund der Verrechnung verbleiben somit von der Klageforderung lediglich 100 €. Das Gericht wird daher der Klage des A i.H.v. 100 € stattgeben und im Übrigen die Klage kostenpflichtig abweisen.

---

37 BGH NJW 1993, 2042; BGH NJW 1995, 1426; 2005, 3709; str.

Lösung der Abwandlung:

Die Klage ist begründet, wenn dem A gegen B ein **Anspruch auf Zahlung von Schmerzensgeld** i.H.v. 3.000 € zusteht.

A. Der Schmerzensgeldanspruch müsste für A **entstanden** sein.

I. A könnte gegen B einen Schmerzensgeldanspruch aus **§ 823 Abs. 1 i.V.m. § 253 Abs. 2** haben. B hat den A an Körper und Gesundheit verletzt. Dies geschah auch rechtswidrig und schuldhaft, nämlich vorsätzlich. Gemäß § 253 Abs. 2 richtet A die Klage auf ein angemessenes Schmerzensgeld. Die Höhe des Schmerzensgeldes ist vorliegend mit 3.000 € angemessen.

II. Der gleiche Anspruch ergibt sich aus § 823 Abs. 2 i.V.m. § 223 StGB (vorsätzliche Körperverletzung) als Schutzgesetz.

B. Der Schmerzensgeldanspruch des A könnte **durch die Aufrechnung des B gemäß § 389 untergegangen** sein.

I. B hat die Aufrechnung gemäß § 388 erklärt. Diese materielle Erklärung kann auch im Prozess abgegeben werden.

Anmerkung:
Trotz § 388 S. 2 ist auch eine Hilfsaufrechnung möglich, da es sich um eine bloße prozessuale Bedingung handelt.

II. Ferner müsste die **Aufrechnungslage gemäß § 387** bestehen.

Da A gegen B eine Schmerzensgeldforderung hat (s.o.) und B aus der Schlägerei ebenfalls eine Schadensersatz- und Schmerzensgeldforderung gegen A zusteht, besteht Gegenseitigkeit. Es handelt sich jeweils um Geldforderungen, sodass diese auch gleichartig sind. Die Hauptforderung des A ist fällig und damit erfüllbar. Die Gegenforderung des B ist, weil nicht einredebehaftet, durchsetzbar. Somit besteht eine Aufrechnungslage.

III. Fraglich ist, ob die **Aufrechnung gemäß § 393** ausgeschlossen ist.

1. Da der **Schädiger B** gegen die Forderung des A aus unerlaubter Handlung aufrechnet und B auch die unerlaubte Handlung vorsätzlich begangen hat, ist nach dem Wortlaut des § 393 eine Aufrechnung ausgeschlossen.

2. Da jedoch der Kläger A ebenfalls eine vorsätzlich unerlaubte Handlung begangen hat und sich somit **auf beiden Seiten** Forderungen aus vorsätzlich unerlaubter Handlung gegenüberstehen, ist fraglich, ob § 393 teleologisch zu reduzieren ist. Dies ist umstritten.

a) Nach einer Meinung[38] ist der Aufrechnungsausschluss i.S.v. § 393 nicht anzuwenden, sofern auf beiden Seiten Forderungen aus vorsätzlich begangener unerlaubter Handlung bestehen, welche aus einem einheitlichen Lebenssachverhalt resultieren. Denn der Sanktionsgedanke des § 393, dass der Schädiger zum einen nicht durch bloße Verrechnung davonkommen und zum anderen nicht durch eine vorsätzlich begangene unerlaubte Handlung eine Aufrechnungslage provozieren soll, sei obsolet, wenn das Opfer ebenfalls eine gegenläufige vorsätzliche unerlaubte Handlung begangen hat. Dies gelte jedenfalls dann, wenn beide Delikte innerhalb desselben „Raufhandels" begangen seien. Da beide Forderungen aus derselben Prügelei stammen, wäre demnach die Aufrechnung des B entgegen § 393 wirksam. Die Klage des A wäre als unbegründet abzuweisen.

---

38 Erman/Wagner, BGB, 14. Aufl. 2014, § 393 Rn. 2.

b) Nach h.M.[39] verbleibt es bei dem Aufrechnungsausschluss des § 393. Der Sanktionsgedanke des § 393 könne nicht dadurch aufgehoben sein, dass die andere Seite ebenfalls Vorsatztäter und demnach ebenso zu sanktionieren sei. Ferner würde es zu einer nicht hinnehmbaren Rechtsunsicherheit führen, wenn in jedem Einzelfall geprüft werden müsste, ob beide Forderungen aus einem einheitlichen Lebensvorgang stammen. Somit wäre die Aufrechnung des B ausgeschlossen und die Klage begründet.

c) Stellungnahme: Ob die Forderungen aus einem einheitlichen Lebensvorgang stammen, lässt sich eigentlich verhältnismäßig sicher beurteilen. Dennoch erscheint eine teleologische Reduktion des Aufrechnungsverbots des § 393 nicht geboten. Zum einen ist der Schuldner als Täter einer vorsätzlichen unerlaubten Handlung nicht schutzwürdig und soll durch die u.U. aus seiner Sicht zufällige vorsätzliche Reaktion seines Opfers keine Vorteile haben. Ferner ist der Schuldner auch nicht daran gehindert, seinen Anspruch im Wege der Widerklage (§ 33 ZPO) zu verfolgen. Auch könnte er mit dem Gläubiger einen Aufrechnungsvertrag schließen, weil dann die Voraussetzungen der Aufrechnung, §§ 387 ff., nicht vorliegen müssen. Daher ist der h.M. zu folgen, sodass die Aufrechnung des B gemäß § 393 ausgeschlossen ist.

Ergebnis: Die Klage des A ist begründet.

---

39 BGH, Urt. v. 15.09.2009 – VI ZA 13/09, RÜ 2009, 686, 687; MünchKomm/Schlüter § 393 Rn. 5.

Fall 12: Erlassvertrag

A hatte beim Reiseveranstalter R eine Reise gebucht. Da die Reise mit erheblichen Mängeln behaftet war, hat er sofort nach seiner Rückkehr von der Reise Rechtsanwalt B beauftragt, eine Reisepreisminderung gegenüber R geltend zu machen. Rechtsanwalt B hat aufgrund der ganz gravierenden Mängel eine Reisepreisminderung i.H.v. 2.500 € begehrt. Nunmehr hat A ein Schreiben direkt vom Reiseveranstalter R erhalten, welches folgenden Wortlaut hat: „... bedauern wir sehr, dass es auf Ihrer Reise zu Unannehmlichkeiten gekommen ist. Da wir immer bemüht sind, eine schnelle Schadensabwicklung zu betreiben, übersenden wir Ihnen anbei einen Verrechnungsscheck über 250 €. Bei Einlösung des Schecks gehen wir davon aus, dass sich dann die Angelegenheit erledigt hat ..." A möchte den Scheck gern einlösen, hat aber Bedenken, ob er hierdurch seinen Restanspruch verliert. A bittet daher um Begutachtung der Rechtslage.

A könnte aus **§ 651 d Abs. 1 S. 2 i.V.m. § 638 Abs. 4 i.V.m. § 346 Abs. 1** gegen R ein Anspruch auf Rückerstattung i.H.d. Minderungsbetrags von 2.500 € zustehen.

A. Der **Anspruch** könnte **aufgrund Minderung entstanden** sein.

Aufgrund der mangelhaften Reise i.S.v. § 651 c Abs. 1 hat sich gemäß § 651 d Abs. 1 S. 1 der Reisepreis automatisch per Gesetz gemindert. Aufgrund der Berechnung des Rechtsanwalts B beträgt der Minderungsbetrag 2.500 €.

Da A ursprünglich den vollen Reisepreis gezahlt hat, ergibt sich über § 651 d Abs. 1 S. 2 i.V.m. § 638 Abs. 4 ein Anspruch auf Rückzahlung entsprechend § 346 Abs. 1 i.H.v. 2.500 €. Es ist davon auszugehen, dass Rechtsanwalt B die einmonatige Ausschlussfrist des § 651 g Abs. 1 eingehalten hat.

Damit ist der Anspruch entstanden.

B. Fraglich ist, ob der Anspruch durch Einlösen des Schecks **untergeht**. In Betracht kommt ein Untergang des Anspruchs infolge eines **Erlassvertrags i.S.v. § 397 Abs. 1**. Dies setzt das Zustandekommen eines wirksamen Erlassvertrags voraus.

Erlass:
Wie sich aus § 397 Abs. 1 ergibt, ist der Erlass kein einseitiges Rechtsgeschäft, sondern setzt einen Vertrag voraus. Da dieser formfrei möglich ist, geht dies
- ausdrücklich
- oder konkludent
  ⇨ wegen der weitreichenden Folgen aber enge Auslegung!

I. Erforderlich ist zunächst ein **Angebot des R**.

Das Schreiben des Reiseveranstalters R an A enthält ein Angebot auf Abschluss eines Erlassvertrags i.H.v. 2.250 €, falls A den Scheck über 250 € einlöst.

II. Hinzukommen müsste eine **Annahmeerklärung durch A**.

1. Fraglich ist, ob in der Einlösung des Verrechnungsschecks über 250 € eine konkludente Annahme des Erlassvertrags seitens A zu sehen ist. Auf den Zugang einer solchen Annahmeerklärung hätte dann R aufgrund des Anschreibens gemäß § 151 verzichtet. Dies ist durch Auslegung unter Berücksichtigung aller Umstände des Einzelfalls zu ermitteln, §§ 133, 157. Der Erlassvertrag setzt einen rechtsgeschäftlichen Willen voraus, auf die (Rest-) Forderung zu verzichten. Da ein derartiger Forderungsverzicht die Ausnahme bildet, setzt dies besondere Umstände voraus. An die Feststellung eines solchen Willens sind daher strenge Anforderungen zu stellen. Auch bei scheinbar eindeutigen Erklärungen darf ein Erlass erst angenommen werden, wenn sämtliche relevanten Begleitumstände berücksichtigt worden sind.[40] Dementsprechend ist in der widerspruchslosen Hinnahme einer Abrechnung grundsätzlich kein Erlass zu sehen.[41] Bei Einlösung eines Schecks, welcher mit dem Vorschlag eines Teilerlasses übersandt worden ist, kann unter Umständen ein Erlass bejaht werden.[42] Allerdings ist bei Würdigung der Gesamtumstände zu berücksichtigen, wie groß die Diskrepanz zur ursprünglichen Forderung ist. Je größer das Missverhältnis zu der ursprünglichen Forderung, desto eher ist ein Erlassvertrag abzulehnen.[43]

Hier macht die im Scheck angegebene Summe nur 10% der ursprünglichen Forderung aus. Würde man demnach in der Scheckeinlösung eine konkludente Annahme des Erlassangebots sehen, so würde A auf 90% verzichten. Ein derartig weitgehender Verzicht bedarf sicherlich konkreter Anhaltspunkte. Die Rspr. hat bisher einen Erlass aufgrund eines krassen Missverhältnisses bei Scheckbeträgen von weniger als 2% der Forderung abgelehnt. Andererseits gibt es keine absoluten Werte.

2. Aus Sicherheitsgründen ist daher zu empfehlen, dass A zunächst klarstellt und R schriftlich mitteilt, dass er zwar den Scheck einlösen werde, hierin aber keine Annahme eines Erlassvertrags zu sehen ist. Erst nach Zugang des Schreibens sollte der Scheck eingelöst werden. Dann können keine Auslegungszweifel entstehen.

---

40 BGH, Urt. v. 15.01.2002 – X ZR 91/00, NJW 2002, 1044; Palandt/Grüneberg § 397 Rn. 7.

41 BGH NJW 1994, 379.

42 BGH NJW 1990, 1657.

43 St.Rspr., BGH, Urt. v. 10.05.2001 – XII ZR 60/99, NJW 2001, 2324 f.; noch strenger: Kleinschmidt NJW 2002, 346.

3. Teil: Nichterfüllung von Leistungspflichten, §§ 275 ff.

Fall 13: Unmöglichkeit

Die K kauft im Pelzgeschäft des P einen Pelzmantel im Wert von 18.000 €. Da die K sehr beleibt und nicht sehr groß ist, muss der Pelzmantel noch geändert werden. Es wird vereinbart, dass P den Pelzmantel kostenlos ändert und die K ihn am Samstag gegen Barzahlung abholen kann. P hängt den nach den Maßen der K abgesteckten Pelzmantel auf einen Rollständer, damit dieser am Abend zusammen mit anderen Pelzmänteln in die Änderungsschneiderei gebracht wird. In diesem Moment stürmen jedoch vermummte, militante Tierschützer in das Pelzgeschäft und sprayen an die Wand: „Stoppt die Tierquälerei". Alsdann bespritzen sie einige Pelzmäntel mit Säure. Die übrigen Pelzmäntel, darunter auch der für K abgesteckte Pelzmantel, nehmen sie mit. Als K am Samstag den Pelzmantel abholen will, äußert P, dass er zwar Strafanzeige erstattet habe, jedoch die Täter wohl nicht zu ermitteln seien. K verlangt einen neuen Pelzmantel. P äußert hierzu, dass es sich um eine Sonderkollektion gehandelt habe, die nicht mehr verfügbar sei. Im Übrigen könne er nichts dafür, dass Tierschützer ohne Vorwarnung in sein Geschäft eingedrungen seien. Gegenwehr sei zwecklos gewesen. Die K entgegnet, gegen so etwas sei P doch wohl versichert.

Wie ist die Rechtslage?

A. Ansprüche K gegen P

I. K gegen P aus § 433 Abs. 1 auf Übereignung des Pelzmantels

K könnte gegen P einen Anspruch aus § 433 Abs. 1 auf Übereignung des Pelzmantels haben.

1. Mit Abschluss des wirksamen Kaufvertrags, § 433, ist der **Anspruch entstanden**.

2. Der **Anspruch** könnte **untergegangen** sein.

a) In Betracht kommt ein Untergang **durch Erfüllung, § 362 Abs. 1**.

Untergang durch Erfüllung, § 362 Abs. 1, setzt voraus, dass der Leistungserfolg eingetreten, also K der Pelzmantel bereits im Geschäft übereignet worden ist. Fraglich ist bereits, ob eine dingliche Einigung i.S.v. § 929 erfolgt ist, da diese offenbar erst am Samstag erfolgen sollte, nachdem K den geänderten Pelzmantel anprobiert und bezahlt hat (gemäß § 449 Abs. 1 ist im Zweifel ein Eigentumsvorbehalt bis zur Bezahlung anzunehmen). Zumindest hat keine Übergabe i.S.v. § 929 stattgefunden, und für ein Übergabesurrogat i.S.v. § 930 bestehen keine Anhaltspunkte.

b) Der Anspruch könnte aber wegen **Unmöglichkeit** der Lieferung nach **§ 275 Abs. 1** untergegangen sein.

Da der Pelzmantel weg ist und die Täter nicht zu ermitteln sind, ist es für P unmöglich, den Pelzmantel noch zu übereignen (subjektive Unmöglichkeit). Hier war von K ein bestimmter Pelzmantel ausgesucht und alsdann abgesteckt worden, sodass eine Stückschuld vorlag. Dementsprechend kann – anders als bei einer Gattungsschuld – nicht darauf abgestellt werden, dass ggf. ein anderer Pelzmantel zu liefern ist. Zwar wird die Ansicht vertreten, dass bei vertretbaren Sachen i.S.v. § 91 aufgrund der Austauschbarkeit bei einer Stückschuld eine andere, vergleichbare Sache geliefert werden kann. Danach wäre hier fraglich, ob überhaupt eine vertretbare Sache vorlag, da es sich um eine Sonderkollektion handelte. Andererseits kann selbst aus der Sonderkollektion nicht mehr geleistet werden, da diese ausverkauft ist, sodass auf jeden Fall Unmöglichkeit vorliegt.

1. Fallgruppen der Unmöglicheit:
- objektive Unmöglichkeit
- subjektive Unmöglichkeit
- anfängliche Unmöglichkeit
- nachträgliche Unmöglichkeit

2. § 275 Abs. 1 begründet in allen Fällen der Unmöglichkeit den Untergang des Leistungsanspruchs.

3. Hingegen ist bei **Schadensersatz** statt der Leistung zeitlich zu differenzieren:
- Bei anfänglicher Unmöglichkeit SchE aus § 311a Abs. 2
- Bei nachträglicher Unmöglichkeit SchE aus § 280 Abs. 1, Abs. 3 i.V.m. § 283

Somit ist der Lieferanspruch der K gegen P aus § 433 Abs. 1 wegen Unmöglichkeit gemäß § 275 Abs. 1 untergegangen.

II. K gegen P auf Schadensersatz wegen nachträglicher Unmöglichkeit

K könnte gegen P einen Anspruch auf Schadensersatz statt der Leistung aus **§ 280 Abs. 1, Abs. 3 i.V.m. § 283** haben.

1. Erforderlich ist ein **Schuldverhältnis**. Hier besteht ein vertragliches Schuldverhältnis i.S.v. § 311 Abs. 1 aus dem Kaufvertrag, § 433.

2. Ferner muss **Unmöglichkeit der Leistung gemäß § 275** eingetreten sein. Der Schuldner P braucht hier gemäß § 275 Abs. 1 wegen nachträglicher Unmöglichkeit nicht zu leisten.

3. Das **Vertretenmüssen des P wird vermutet**. Fraglich ist, ob sich P gemäß § 280 Abs. 1 S. 2 exkulpiert hat.

a) Hier hat P dargetan, dass die Täter ohne Vorwarnung eingedrungen sind und eine Gegenwehr zwecklos war. Damit kann P **kein eigenes Verschulden i.S.v. § 276** vorgeworfen werden.

b) Eine **Zurechnung** des Verhaltens der Tierschützer **gemäß § 278** scheitert daran, dass diese keine Erfüllungsgehilfen des P sind.

Folge: Da P die Unmöglichkeit nicht zu vertreten hat, besteht kein Schadensersatzanspruch aus § 280 Abs. 1, Abs. 3 i.V.m. § 283.

III. In Betracht kommt ein Anspruch **K gegen P auf Abtretung aus § 285 Abs. 1 Var. 2 – sog. stellvertretendes Commodum**.

1. Ein **Schuldverhältnis** besteht hier aufgrund des Kaufvertrags, § 433.

2. P als Schuldner der ursprünglichen Lieferpflicht muss infolge der Unmöglichkeit einen **Ersatz oder Ersatzanspruch** erlangt haben. Hier kommen Ersatzansprüche des P in Betracht.

a) Schadensersatzanspruch P gegen die Täter

Ein Schadensersatzanspruch aus § 823 Abs. 1 und § 823 Abs. 2 i.V.m. §§ 242/249 StGB besteht zwar; jedoch sind die Täter nicht zu ermitteln, sodass dieser Anspruch nicht realisierbar sein wird.

b) Ersatzanspruch P gegen Versicherung?

Sollte P gegen Diebstahl versichert sein, so hätte er infolge der Unmöglichkeit einen Ersatzanspruch erlangt. K kann dann von P gemäß § 285 Abtretung dieses Anspruchs verlangen, um aus abgetretenem Recht gegen die Versicherung vorzugehen.

B. Ansprüche P gegen K

P könnte gegen K aus § 433 Abs. 2 einen Anspruch auf Zahlung des Kaufpreises haben.

I. Mit Abschluss des wirksamen Kaufvertrags, § 433, ist der Kaufpreisanspruch **entstanden**.

II. Fraglich ist, ob der **Kaufpreisanspruch untergegangen** ist.

1. Ein Untergang durch **Erfüllung, § 362 Abs. 1, scheidet aus**, da K noch nicht den Kaufpreis bezahlt hat.

2. Gemäß **§ 326 Abs. 1** geht der Kaufpreisanspruch wegen der synallagmatischen Verknüpfung grundsätzlich unter, wenn die Lieferung unmöglich i.S.v. 3 275 ist.

a) Gegenseitiger Vertrag i.S.v. § 326 Abs. 1 ist hier der Kaufvertrag.

b) Es muss **Unmöglichkeit der Leistung** i.S.v. § 275 bestehen. Der Schuldner P braucht wegen Unmöglichkeit nach § 275 Abs. 1 nicht mehr zu liefern.

c) § 326 regelt die Rechtsfolge für die Gegenleistung (Kaufpreisanspruch).

aa) Gemäß § 326 Abs. 1 geht der Anspruch auf den Kaufpreis aufgrund der synallagmatischen Verknüpfung von Leistung und Gegenleistung grundsätzlich unter.

bb) Eine **Ausnahme** gilt in den Fällen des **§ 326 Abs. 2**, falls der Gläubiger (des ursprünglichen Lieferanspruchs), hier also K, für die Unmöglichkeit (überwiegend) verantwortlich ist oder sich im Annahmeverzug (§§ 293 ff.) befindet. Diese Ausnahmen liegen hier nicht vor.

cc) Weitere **Ausnahmen** gelten aufgrund der Gefahrtragungsregeln in §§ 446, 447. Da jedoch eine Übergabe des Mantels i.S.v. § 446 an K noch nicht stattgefunden hatte und auch kein Versendungskauf i.S.v. § 447 vorliegt, ist das Risiko nicht auf K übergegangen.

Somit ist der Kaufpreisanspruch des P gemäß § 326 Abs. 1 an sich untergegangen.

dd) Zu beachten ist allerdings die **Ausnahmeregelung in § 326 Abs. 3:** Verlangt allerdings die K das stellvertretende Commodum aus § 285 (s.o. A., III.), so bleibt der Kaufpreisanspruch bestehen, § 326 Abs. 3.

Allerdings mindert sich der Kaufpreisanspruch, sofern der Wert des Ersatzanspruchs hinter dem Wert der geschuldeten Leistung zurückbleibt, § 326 Abs. 3 S. 2.

Untergangsgründe bei Unmöglichkeit:
1. § 275 ist Untergangsgrund für den Anspruch auf die **Leistung**.
2. § 326 Abs. 1 ist Untergangsgrund für den Anspruch auf die **Gegenleistung**, weil diese im gegenseitigen Vertrag synallagmatisch mit der Leistung verknüpft ist. Ausnahmen jedoch in § 326 Abs. 2, Abs. 3 sowie bei besonderen Gefahrtragungsregeln, §§ 446, 447, 644, 645.

Klausurtipp:
Es macht also nur Sinn, das stellvertretende Commodum geltend zu machen, wenn dessen Wert höher ist als die (dann wieder über § 326 Abs. 3 geschuldete) Gegenleistung.

Fall 14: Unmöglichkeit beim Versendungskauf

Rechtsanwalt R möchte für seinen Sohn zum fünften Geburtstag am Samstag eine Kindergeburtstagsparty ausrichten. Er hat hierzu die Freunde seines Sohnes für Samstag 15.00–19.00 Uhr eingeladen. Er begibt sich in die Pizzeria P und bestellt „für Punkt 18.00 Uhr" fünf Bleche Pizza und weist darauf hin, dass die Pizza pünktlich fertig sein müsse, da alle Kinder um 19.00 Uhr von ihren Eltern abgeholt würden. P äußert hierzu, dass er pünktlich alles an der Theke bereithalte. R entgegnet, er habe jedoch keine Zeit, die Pizza abzuholen, da er mit den Kindern Spiele veranstalten müsse und seine Frau zurzeit keinen Führerschein habe. P entgegnet, er sei kein Pizzataxi, erklärt sich jedoch auf inständiges Bitten des R bereit, ausnahmsweise und nur für ihn als guten Kunden, sich darum zu kümmern, dass die Pizza Punkt 18.00 Uhr bei R sei. Anschließend bittet P den Hausmeister H von nebenan, die Pizza auszuliefern. Dieser erklärt sich hierzu bereit in der Hoffnung, von R ein großes Trinkgeld zu erhalten. H fährt mit der Pizza am Samstag pünktlich los. Unterwegs gerät er jedoch in eine Kontrollstelle der Polizei, die wegen einer Geiselnahme die Straße abgeriegelt hat. Hierdurch und aufgrund des sich bildenden Rückstaus ist ein Umkehren für H nicht möglich. Als die Fahrt wieder freigegeben wird und H bei R eintrifft, ist es 19.10 Uhr. R weigert sich, die Pizza entgegenzunehmen, da diese zwar in der Isolierbox noch heiß geblieben ist, jedoch bereits alle Kinder von ihren Eltern abgeholt seien. P, der der Auffassung ist, weder er noch H könnten etwas für die misslichen Umstände, verlangt gleichwohl Bezahlung der Pizza. Zu Recht?

Vertragsarten:

1. Kaufvertrag, § 433: Verkäufer als reiner Händler schuldet gemäß § 433 Abs. 1 nur Lieferung = Übereignung und Übergabe i.S.v. § 929.

2. Werklieferungsvertrag, § 651: Unternehmer schuldet Lieferung erst noch herzustellender oder zu erzeugender beweglicher Sachen.

3. Werkvertrag, § 631: Unternehmer **schuldet Werk**, das nicht „im Herstellen beweglicher Sachen" i.S.v. § 651 besteht:
- Grundstücke (Hausbau)
- Wartung, Inspektion
- Geisteswerke (Gutachten)

Dem P könnte gegen R ein Zahlungsanspruch aus **§ 651 S. 1 i.V.m. § 433 Abs. 2** zustehen.

A. Der **Anspruch entsteht** mit wirksamem Vertragsschluss.

Da hier P zuvor die Pizza herzustellen hatte, liegt kein reiner Kaufvertrag, sondern ein Werklieferungsvertrag i.S.v. § 651 vor. Mit Abschluss des wirksamen Werklieferungsvertrags i.S.v. § 651, welcher auf Kaufrecht verweist, ist der Zahlungsanspruch aus § 433 Abs. 2 entstanden.

B. Der Zahlungsanspruch könnte **gemäß § 326 Abs. 1** wegen Unmöglichkeit der Lieferung **untergegangen** sein.

I. Ein gegenseitiger Vertrag, hier der Werklieferungsvertrag i.S.v. § 651 liegt vor.

Abgrenzung Unmöglichkeit – Verzug:
- Grundsätzlich führt Zeitüberschreitung nur zum Verzug, da Leistung noch nachholbar
- Ausnahmsweise Unmöglichkeit, falls absolutes Fixgeschäft

II. Weitere Voraussetzung ist, dass der **Schuldner** P nach **§ 275** nicht zu leisten braucht. D.h. die Lieferpflicht des P müsste infolge **Unmöglichkeit** gemäß § 275 untergegangen sein.

1. Fraglich ist, ob hier Unmöglichkeit vorliegt, da die Pizza geliefert wurde, wenn auch verspätet. Grundsätzlich führt die **verspätete Lieferung** nicht zur Unmöglichkeit, sondern lediglich zum Verzug (§ 286).

2. Ausnahmsweise führt jedoch der bloße Zeitablauf zur Unmöglichkeit, wenn ein **sog. absolutes Fixgeschäft** vorliegt. Dies ist anzunehmen, wenn die Einhaltung der Leistungszeit nach dem Zweck des Vertrags und der gegebenen Interessenlage für den Gläubiger erkennbar derart wesentlich ist, dass eine verspätete Leistung keine Erfüllung mehr darstellt. Hierzu gehört insbesondere die Bestellung von Leistungen für eine bestimmte, terminlich festliegende Veranstaltung.[44] Hier war der Lieferzeitpunkt auf 18.00 Uhr so eng fixiert, dass eine spätere Lieferung, jedenfalls nach 19.00 Uhr, zur Unmöglichkeit führt.

Somit ist die Lieferpflicht des P gemäß § 275 Abs. 1 wegen nachträglicher Unmöglichkeit untergegangen.

III. Die **Rechtsfolgen** für die Gegenleistung ergeben sich aus **§ 326.**

1. Zunächst ist an sich gemäß **§ 326 Abs. 1** auch der synallagmatische Gegenleistungsanspruch, der Kaufpreisanspruch des P, grundsätzlich untergegangen.

2. Ausnahmen gelten in den Fällen des **§ 326 Abs. 2**. Dann müsste für die Unmöglichkeit aber der Gläubiger des ursprünglichen Lieferanspruchs, also R, (überwiegend) verantwortlich sein oder sich im Annahmeverzug (§§ 293 ff.) befunden haben, was vorliegend nicht der Fall ist.

3. Eine weitere **Ausnahme** ist in **§ 447 Abs. 1** vorgegeben.

Die Preisgefahr könnte gemäß § 447 Abs. 1 i.V.m. § 651 S. 1 auf den R übergegangen sein.

a) Erheblich ist das **Vorliegen eines Versendungskaufs**. Über § 651 S. 1 gilt die kaufrechtliche Vorschrift des § 447 auch für den Werklieferungsvertrag. Selbst bei Herstellung individueller Sachen ist die Vorschrift des § 447 über § 651 S. 3 anwendbar.

b) § 447 gilt nur bei Vorliegen einer **Schickschuld**, weil diese für den Kunden einen Gefallen darstellt und er dann das Transportrisiko tragen soll. Hingegen gilt § 447 nicht bei einer Bringschuld, weil dann der Bringende (Verkäufer) selbst das Risiko tragen muss. Fraglich ist deshalb, welche Schuldart hier zwischen R und P vereinbart war. Soll die Sache zum Kunden transportiert werden, ist gemäß § 269 Abs. 3 im Zweifel eine Schickschuld anzunehmen, und zwar selbst dann, wenn der Schuldner (Verkäufer) die Kosten des Transports trägt.

Nur ausnahmsweise ist von einer Bringschuld auszugehen, wenn der Verkäufer eindeutig das Risiko übernommen hat oder der Transport gar nicht anders möglich ist, z.B. bei Spezialtransporten (Heizöllieferung). Da hier P kein Pizzataxi hat und sich nur ausnahmsweise, auf eindringliches Bitten des R zur Versendung bereit erklärt hat, verbleibt es bei einer Schickschuld.

c) Weitere ungeschriebene Voraussetzung des § 447 ist, dass sich das **typische Transportrisiko** verwirklicht hat. Hierzu gehören grundsätzlich sämtliche Verkehrsvorgänge, also auch ein Stau, auch aufgrund polizeilicher Absperrungen.

d) Bei der **Rechtsfolge des § 447** ist zu differenzieren:

aa) Gemäß § 447 i.V.m. § 651 S. 1 trägt **grundsätzlich** der Käufer das Risiko. Eine Ausnahme gilt nach h.M. dann, wenn der Verkäufer durch eigene Angestellte transportieren lässt, weil diese dann wiederum der Sphäre des Verkäufers zuzurechnen sind. Hier gehörte jedoch der Hausmeister des

Schuldarten:

1 Gemäß § 269 Abs. 1 grundsätzlich **Holschuld** für den Kunden

2. Bringschuld nur bei besonderen Umständen:
- Händler verspricht besonderen Service (Möbel bringen und aufbauen)
- Spezialtransporte (Heizöl, Fertiggarage)

3. Sonst verbleibt es bei **Schickschuld**, § 269 Abs. 3

4. Bei **Geldschulden** gilt über § 270 Abs. 4 das Gleiche. Das Übermittlungsrisiko ist gemäß § 270 Abs. 1 aber stets beim Schuldner (= Käufer).

44 Palandt/Grüneberg § 271 Rn. 17.

Nachbarhauses nicht zu den Angestellten des P. Somit würde an sich gemäß § 447 der R das Risiko tragen.

bb) Eine **Ausnahme** gilt für den **Verbrauchsgüterkauf, § 474 Abs. 4 i.V.m. § 651 S. 1**.

Bei einem Verbrauchsgüterkauf i.S.v. § 474 Abs. 1 ist die Vorschrift des § 447 grundsätzlich nicht anwendbar, wie sich aus § 474 Abs. 4 ergibt. Diese Vorschriften gelten über § 651 S. 1 auch für den Werklieferungsvertrag.

Klausurtipp:
Die Prüfung des § 474 kann auch an den Anfang der Prüfung des § 447 Abs. 1 unter „Anwendbarkeit" vorgezogen werden.

Fraglich ist, ob hier ein Verbrauchsgüterkauf i.S.v. § 474 Abs. 1 vorliegt. Hierzu müsste ein Vertrag zwischen einem Verbraucher und einem Unternehmer über bewegliche Sachen vorliegen.

(1) Da Rechtsanwalt **R** die Pizza nicht für seine berufliche Tätigkeit, sondern zu privaten Zwecken bestellt hatte, ist er **Verbraucher i.S.v. § 13**.

(2) P hingegen hat bei Abschluss des Vertrags in Ausübung seiner gewerblichen Tätigkeit gehandelt und ist damit **Unternehmer i.S.v. § 14 Abs. 1**. Da somit ein Verbrauchsgüterkauf über bewegliche Sachen vorliegt, ist gemäß § 474 Abs. 4 die Vorschrift des § 447 grundsätzlich nicht anwendbar.

(3) Die in **§ 474 Abs. 4 Hs. 2** vorgesehene Ausnahme, dass der Käufer selbst die Transportperson beauftragt hat, liegt hier nicht vor.

Damit ist die Preisgefahr nicht auf den R übergegangen. Folglich verbleibt es bei § 326 Abs. 1, wonach der Kaufpreisanspruch des P untergegangen ist.

4. Eine weitere **Ausnahme** folgt aus **§ 326 Abs. 3:** Gemäß § 326 Abs. 3 bleibt der Kaufpreisanspruch jedoch bestehen, sofern R von P gemäß **§ 285** das **stellvertretende Commodum** verlangt.

Hier kommt in Betracht, dass P infolge der Unmöglichkeit gegen H einen Ersatzanspruch erlangt hat, welcher dann nach § 285 Abs. 1 Var. 2 an R abzutreten wäre.

a) P könnten Schadensersatzansprüche aus **§§ 280 ff.** gegen H zustehen.

Fraglich ist bereits, ob ein Schuldverhältnis i.S.v. § 280 zwischen P und H vorliegt oder nur eine Gefälligkeit des H. Jedenfalls ist keine Pflichtverletzung des H ersichtlich, da H pünktlich losgefahren ist und die Kontrollstelle nicht vermeiden konnte. Damit scheiden Schadensersatzansprüche gemäß §§ 280 ff. aus.

b) Weiterhin könnten dem P gegen H Schadensersatzansprüche aus **§§ 823 ff.** zustehen.

Deliktische Ansprüche aus §§ 823 ff. scheitern jedoch daran, dass den H kein Verschulden trifft, weil er den Stau nicht vorhersehen oder beeinflussen konnte.

c) Allerdings könnte dem P gegen H ein Anspruch aus **Halterhaftung, § 7 StVG**, zustehen.

Als Halter seines Kfz haftet H zwar gemäß § 7 Abs. 1 StVG verschuldensunabhängig für die Betriebsgefahr seines Kfz. Jedoch stellt die polizeiliche Sperrung höhere Gewalt i.S.e. in keiner Weise zu beeinflussenden Ereignisses dar, sodass der Anspruch gemäß § 7 Abs. 2 StVG ausgeschlossen ist. Damit haftet H dem P auch nicht aus § 7 StVG.

Somit hat P keine Ersatzansprüche erlangt, die nach § 285 Abs. 1 Var. 2 abzutreten wären, sodass die Ausnahmevorschrift des § 326 Abs. 3 nicht zum Tragen kommt.

Ergebnis: Der Zahlungsanspruch des P gegen R ist gemäß § 326 Abs. 1 untergegangen.

Fall 15: Versendungskauf und Drittschadensliquidation

Was gilt, wenn R im vorangegangenen Fall nicht der Vater, sondern ein Cateringunternehmen war, das den Kindergeburtstag ausrichten sollte, und H durch einen Unfall, den er selbst schuldhaft verursacht hat, nicht ausliefern konnte?

Dem P könnte gegen R ein Anspruch auf Zahlung aus **§ 651 S. 1 i.V.m. § 433 Abs. 2** zustehen.

A. Der **Anspruch** ist mit **wirksamem Vertrag entstanden**.

B. Der **Anspruch** könnte **untergegangen** sein.

I. An sich ist der Zahlungsanspruch gemäß § 326 Abs. 1 wegen Unmöglichkeit der Lieferung untergegangen (s. Fall 14).

II. Eine **Ausnahme** könnte sich aus **§ 447** ergeben.

Gemäß § 447 Abs. 1 i.V.m. § 651 S. 1, welcher nunmehr anwendbar ist, erfolgt der Übergang der Preisgefahr auf R, da R kein privater Verbraucher, sondern geschäftlich für sein Cateringunternehmen bestellt hat, sodass kein Verbrauchsgüterkauf i.S.v. § 474 vorliegt.

Somit ist der Zahlungsanspruch nicht untergegangen.

C. Der Zahlungsanspruch des P ist nicht **durchsetzbar**, wenn R diesem Einreden entgegensetzen kann.

I. Die **Einrede des nicht erfüllten Vertrags gemäß § 320** kann R nicht geltend machen, weil sein Anspruch auf Lieferung wegen Unmöglichkeit gemäß § 275 Abs. 1 untergegangen ist (s.o.).

II. Der Durchsetzbarkeit des Anspruchs des P könnte aber ein **Zurückbehaltungsrecht** des R **gemäß § 273 Abs. 1** entgegenstehen.

Zurückbehaltungsrechte:
1. Aus § 320 bzgl. synallagmatischer Hauptleistungspflichten aus gegenseitigem Vertrag mit der Folge einer Zug-um-Zug-Verurteilung, § 322
2. Aus § 273 bzgl. sonstiger Pflichten aus demselben Rechtsverhältnis (sog. Konnexität) mit der Folge einer Zug-um-Zug-Verurteilung, § 274
3. Aus § 369 HGB bzgl. Pflichten aus der gesamten Geschäftsverbindung zweier Kaufleute
4. Aus § 1000 bzgl. Verwendungsersatzansprüchen aus §§ 994 ff. im EBV

Allerdings könnte an die Stelle der untergegangenen Lieferpflicht die Pflicht des P aus § 285 (stellvertretendes Commodum) getreten sein. Dann könnte R so lange den Kaufpreis zurückbehalten, bis ihm gemäß § 285 Abs. 1 Var. 2 die Ersatzansprüche des P gegen H abgetreten werden.

Streitig ist, ob im Hinblick darauf das Zurückbehaltungsrecht nach § 320 auszuüben ist, welcher lediglich synallagmatische Hauptpflichten erfasst, oder ob auf das allgemeine Zurückbehaltungsrecht des § 273 zurückzugreifen ist, weil der Anspruch aus § 285 nur ein Sekundäranspruch sein könnte. Andererseits tritt er als stellvertretendes Commodum an die Stelle des untergegangenen Lieferanspruchs und damit quasi in die synallagmatische Verknüpfung ein, wie auch § 326 Abs. 3 bezüglich der Gegenleistung zeigt. Letztlich handelt es sich hierbei nur um ein dogmatisches Problem, da sowohl § 320 als auch § 273 ein Zurückbehaltungsrecht gewähren. Entscheidend ist vielmehr, ob R überhaupt gegen P einen Anspruch aus § 285 Abs. 1 Var. 2 hat.

III. Fraglich ist, ob die **Voraussetzungen des § 285 Abs. 1 Var. 2** vorliegen.

1. Ein **Schuldverhältnis**, hier der Werklieferungsvertrag zwischen P und R, besteht.

2. Unmöglichkeit der Leistung (Lieferung) i.S.v. § 275 Abs. 1 liegt aufgrund des absoluten Fixgeschäfts vor (s.o. Fall 14).

3. P müsste infolge der Unmöglichkeit der Lieferung einen **Ersatzanspruch gegen H** erlangt haben.

a) Die **haftungsbegründenden Tatbestände** ergeben sich aus Folgendem:

Da H den Unfall schuldhaft verursacht hat, liegen die Voraussetzungen für einen Schadensersatzanspruch des P gegen H wegen Unmöglichkeit des Transports aus § 280 Abs. 1, Abs. 3 i.V.m. § 283 sowie deliktisch aus § 823 Abs. 1 wegen Eigentumsverletzung im Hinblick auf den haftungsbegründenden Tatbestand vor.

b) Der **haftungsausfüllende Tatbestand** ist hier jedoch problematisch:

Hier ist zu berücksichtigen, dass P wegen § 447 Abs. 1 von R den Kaufpreis verlangen kann und daher wirtschaftlich betrachtet keinen Schaden hat, sodass deswegen Schadensersatzansprüche P gegen H an sich ausscheiden.

c) Dies würde jedoch dann zu dem Ergebnis führen, dass R nicht aus § 285 Abs. 1 Var. 2 vorgehen kann und der Schädiger H weder an P noch an R Schadensersatz leisten müsste. Um **dieses unbillige Ergebnis zu vermeiden**, werden zwei dogmatische Ansätze vertreten:

Normativer Schadensbegriff: Ob ein Schaden (noch) vorhanden ist, wird nicht tatsächlich, sondern normativ wertend ermittelt. Entfällt tatsächlich der Schaden, weil ein Dritter zu leisten hat oder freiwillig leistet, so soll dies i.d.R. den Schädiger nicht entlasten. D.h. es wird weiter ein normativer Schaden bejaht (Wertung aus § 843 Abs. 4).

aa) Ein Schaden des P und damit ein Schadensersatzanspruch P gegen H lässt sich bei wertender Betrachtung damit begründen, dass man bei der Schadensberechnung den bei P verbleibenden Kaufpreisanspruch nicht berücksichtigt. Der **normative Schadensbegriff** entnimmt aus der deliktischen Regelung in § 843 Abs. 4 den allgemeinen Rechtsgedanken, dass bei Ermittlung eines Schadens keine Leistungen anzurechnen sind, die ihrer Natur nach dem Schädiger nicht zugute kommen sollen.[45] Danach ergibt hier eine wertende Betrachtung, dass der fortbestehende Kaufpreisanspruch des P gegen R nicht den Zweck haben soll, den Schädiger, hier H, zu entlasten und deshalb diesem nicht zugute kommen soll. Hierfür spricht auch, dass § 447 lediglich eine Regelung im Innenverhältnis P – R darstellt. Somit würde der normative Schadensbegriff bei der gebotenen wertenden Betrachtung einen (normativen) Schaden des P bejahen. Damit bestehen dann Schadensersatzansprüche P gegen H, welche er gemäß § 285 an R abtreten muss (stellvertretendes Commodum).

bb) Folgt man dem normativen Schadensbegriff nicht, weil § 843 Abs. 4 eine Ausnahmeregelung für das Deliktsrecht und auch nur für Unterhaltsverpflichtungen darstellt, würde es P im Verhältnis zu H an sich an einem eigenen Schaden fehlen. Jedoch lässt sich evtl. ein Schadensersatzanspruch nach den Grundsätzen der **Drittschadensliquidation** konstruieren.

Die **Voraussetzungen der Drittschadensliquidation** sind:

(1) P hat Anspruchsgrundlagen, aber keinen Schaden

Hier hat P dem Grunde nach Ersatzansprüche, weil der haftungsbegründende Tatbestand der §§ 280 ff., 823 Abs. 1 erfüllt ist. Wegen § 447 Abs. 1 fehlt ihm jedoch ein (tatsächlicher) Schaden.

---

45 Palandt/Grüneberg Vorbem. § 249 Rn. 13.

Drittschadens-liquidation:

1. Anspruchsteller und Geschädigter fallen auseinander:
- **Anspruchsteller** hat haftungsbegründenden Tatbestand, aber (tatsächlich) keinen Schaden.
- **Geschädigter** hat Schaden, aber keine Anspruchsgrundlage gegen Schädiger.

2. Zufällige Schadensverlagerung aus Sicht des Schädigers

Typische Fälle:
- Verlagerung wegen Gefahrtragungsregeln, §§ 446, 447, 644, 645
- Obhut über fremde Sachen
- Mittelbare Stellvertretung

3. Rechtsfolge der Drittschadensliquidation:

a) Schaden des Geschädigten wird **zur Anspruchsgrundlage** des Anspruchstellers gezogen.

b) Dieser hat dann einen Schadensersatzanspruch, den er für den Geschädigten liquidieren kann – oder der Anspruchsteller tritt den so komplettierten Schadensersatzanspruch an den Geschädigten ab; Verpflichtung zur Abtretung folgt bei Unmöglichkeitsfällen aus § 285; für sonstige Fälle (bloße Beschädigung) kann § 285 analog angewandt werden.

(2) R hat den Schaden, aber keine Anspruchsgrundlage

Hier hat R einen Schaden, weil er keine Lieferung erhält, aber gemäß § 447 dennoch bezahlen muss. Andererseits hat R gegen H keinen Schadensersatzanspruch, da keine vertraglichen Beziehungen zwischen R und H bestehen. Unerheblich ist, ob evtl. deliktische Ansprüche bestehen, da Drittschadensliquidation als vertragliches Institut nur bzgl. vertraglicher Ansprüche relevant ist.

(3) Zufällige Schadensverlagerung aus Sicht des H

Es handelt sich um eine zufällige Schadensverlagerung von P auf R, welche lediglich auf der Gefahrtragungsregel im Innenverhältnis R–P gemäß § 447 beruht. Hierauf hatte H keinen Einfluss, da die Parteien genauso gut eine Bringschuld hätten vereinbaren können, sodass dann der Schaden bei P angefallen wäre, weil § 447 nicht für eine Bringschuld gilt.

(4) Die **Rechtsfolge der Drittschadensliquidation** erfolgt in zwei Schritten:

(a) Schaden zur Anspruchsgrundlage

Zunächst wird der Schaden des R zur Schadensersatzanspruchsgrundlage des P gezogen. Hierdurch entsteht ein kompletter Schadensersatzanspruch P gegen H.

(b) Realisierung gegenüber H

Den so komplettierten Schadensersatzanspruch kann jetzt P gegen H für den R realisieren („liquidieren"). Allerdings kann R gemäß § 285 Abs. 1 Var. 2 verlangen, dass P ihm den Schadensersatzanspruch abtritt (§ 398), damit R den Anspruch gegen H dann selbst realisieren kann.

cc) Da somit normativer Schadensbegriff und Drittschadensliquidation zum gleichen Ergebnis gelangen, ist eine Stellungnahme entbehrlich.

Ergebnis: Der Zahlungsanspruch P gegen R ist nur Zug um Zug (§ 320 i.V.m. § 322 bzw. § 273 i.V.m. § 274) gegen Erfüllung des Abtretungsanspruchs aus § 285 Abs. 1 Var. 2 bzgl. des (konstruierten) Schadensersatzanspruchs P gegen H durchsetzbar.

Anmerkung: *Ist hingegen der Transporteur gewerblicher Frachtführer, so gilt die Sondervorschrift des § 421 Abs. 1 S. 2 HGB, wonach sowohl der Absender (Verkäufer) als auch der Empfänger (Käufer) den Schadensersatzanspruch gegen den Frachtführer geltend machen kann. D.h. der Empfänger erhält über § 421 Abs. 1 S. 2 HGB i.V.m. § 425 HGB einen eigenen Schadensersatzanspruch, wodurch die Institute der Drittschadensliquidation bzw. des normativen Schadensbegriffs überflüssig werden.*

Fall 16: Anfängliche Unmöglichkeit

K kauft telefonisch beim Kunsthändler H am 05.07. ein Originalbild des berühmten Malers X, welches er am 03.07. in der Kunsthandlung des H gesehen hatte. Am 06.07. erwirbt er in einem Antiquariat für 100 € einen passenden Bilderrahmen und begibt sich am 08.07. mit diesem zum Geschäft des H, um das gekaufte Bild abzuholen und zu bezahlen. Jedoch muss H eingestehen, dass er nunmehr erfahren hat, dass sein Angestellter A das Bild bereits am 04.07. anderweitig an B veräußert habe und B das Bild auch nicht mehr herausgebe. Dies habe er, H, bei dem Telefonat am 05.07. nicht gewusst, da er zuvor auf Geschäftsreise gewesen sei. K erklärt empört den Rücktritt und verlangt entgangenen Gewinn von 500 €. Er habe am 07.07. einen Abkäufer gehabt, dem zwar der Bilderrahmen nicht gefallen habe, der aber allein für das Bild einen Aufpreis von 500 € akzeptiert hatte. Ferner verlangt K Ersatz der 100 € für den Bilderrahmen, welcher wegen der individuellen Maße auch nicht anders verwendbar sei. Rechtslage?

A. K könnte gemäß **§ 326 Abs. 5 i.V.m. § 323** wirksam vom Kaufvertrag **zurücktreten**.

I. Erforderlich ist zunächst eine **Rücktrittserklärung des K, § 349.**

K hat hier ausdrücklich den Rücktritt erklärt. Die Erklärung ist dem H auch zugegangen.

II. Rücktrittsgrund könnte hier **§ 326 Abs. 5 i.V.m. § 323** sein.

1. Erforderlich ist zunächst ein **wirksamer Vertrag**.

Einen wirksamen Vertrag stellt hier der am 05.07. geschlossene Kaufvertrag, § 433, dar. Auch bei anfänglicher Unmöglichkeit ist der Vertrag wirksam, wie § 311 a Abs. 1 klarstellt.

2. Weitere Voraussetzung des § 326 Abs. 5 ist, dass der **Schuldner nach § 275 nicht zu leisten** braucht.

Da das Bild bereits anderweitig am 04.07. veräußert worden war, ist es für H bei Abschluss des Kaufvertrags mit K am 05.07. von Anfang an unmöglich gewesen, das Bild noch an K zu liefern. Befindet sich der Leistungsgegenstand bei einem Dritten, so wird teilweise vertreten, dass Unmöglichkeit so lange abzulehnen ist, wie noch die Möglichkeit bestehe, den Dritten zur Herausgabe/Lieferung zu veranlassen. Erst wenn feststehe, dass der Dritte sich endgültig weigere, sei Unmöglichkeit anzunehmen. Hier bestand jedoch bei dem Dritten B nie die Bereitschaft, das Bild zurückzugeben, sodass auch hiernach Unmöglichkeit vorliegt. Demnach braucht der Schuldner H nach § 275 Abs. 1 nicht zu leisten.

3. Rechtsfolge: Gemäß § 326 Abs. 5 i.V.m. § 323 konnte somit der K zurücktreten, ohne dass es einer Fristsetzung zur Leistung bedurfte.

Anmerkung: *Eine Fristsetzung zur Leistung i.S.v. § 323 Abs. 1 macht in den Fällen der Unmöglichkeit keinen Sinn, weil der Schuldner ohnehin nicht leisten kann, weswegen § 326 Abs. 5 hierauf verzichtet, ohne dass es der Ausnahmevorschrift des § 323 Abs. 2 bedarf.*

Rücktritt vom Vertrag

1. Voraussetzungen:

a) Rücktrittserklärung, § 349

b) Rücktrittsgrund, § 346 Abs. 1:

aa) Vertraglich vereinbarter Rücktrittsgrund

bb) Gesetzlicher Rücktrittsgrund:

- **§ 323** bei Ausbleiben der Leistung
- **§ 326 Abs. 5** i.V.m. § 323 bei Unmöglichkeit der Leistung
- **§ 324** bei Verletzung einer Rücksichtnahmepflicht
- **§ 437 Nr. 2 Var. 1** i.V.m. § 323/§ 326 Abs. 5 bei Leistung mangelhafter Kaufsache
- **§ 634 Nr. 3 Var. 1** i.V.m. § 323/§ 326 Abs. 5 bei mangelhaftem Werk

2. Rechtsfolge:

- **Rückgewährschuldverhältnis gemäß §§ 346 ff.**
- Kumulativ Schadensersatz statt der Leistung möglich, § 325

Somit ist K wirksam vom Kaufvertrag zurückgetreten. Hierdurch entsteht gemäß §§ 346 ff. ein Rückgewährschuldverhältnis. Da K jedoch noch keinen Kaufpreis bezahlt und H nicht geliefert hatte, ergeben sich hieraus keine weitergehenden Rechtsfolgen.

Bei Schadensersatz statt der Leistung wegen Unmöglichkeit ist zeitlich zu differenzieren („§ 275 Abs. 4 weist den Weg"):

- Schadensersatz aus **§ 311 a Abs. 2 S. 1, Var. 1** bei anfänglicher Unmöglichkeit
- Schadensersatz aus **§ 280 Abs. 1, Abs. 3 i.V.m. § 283** bei nachträglicher Unmöglichkeit
- § 275 Abs. 4 kann jeweils mitzitiert werden, enthält aber nur einen deklaratorischen Hinweis auf die o.g. Anspruchsgrundlagen und kann daher auch weggelassen werden.

B. K könnte gegen H einen Anspruch auf **Schadensersatz statt der Leistung wegen anfänglicher Unmöglichkeit aus § 311 a Abs. 2 S. 1 Var. 1 i.H.v. 500 €** haben.

I. Es bestand ursprünglich ein **Schuldverhältnis**, der Kaufvertrag. Auch bei anfänglicher Unmöglichkeit ist dieser Vertrag wirksam, wie § 311 a Abs. 1 klarstellt. Der Umstand, dass dieses Schuldverhältnis sich infolge des Rücktritts des K in ein Rückgewährschuldverhältnis i.S.d. §§ 346 ff. umgewandelt hat, ist für den Schadensersatzanspruch unschädlich, wie sich aus § 325 ergibt. Hiernach können Rücktritt und Schadensersatz nebeneinander geltend gemacht werden.

II. Ferner muss **anfängliche Unmöglichkeit** i.S.v. § 311 a Abs. 2 vorliegen.

Da das Bild anderweitig veräußert worden ist, war es für H unmöglich, seine Lieferpflicht zu erfüllen, § 275 Abs. 1. Die anderweitige Veräußerung erfolgte vor Abschluss des Kaufvertrags K–H, sodass auch anfängliche Unmöglichkeit i.S.v. § 311 a vorliegt.

III. Ein **Vertretenmüssen des H** wird bis zur Exkulpation **gemäß § 311 a Abs. 2 S. 2** vermutet. Hier macht H geltend, er habe nichts von der anderweitigen Veräußerung gewusst, weil er sich auf Geschäftsreise befunden habe. Bezugspunkt bei der Exkulpation hinsichtlich einer anfänglichen Unmöglichkeit ist jedoch die Tatsache, dass der Schuldner (Verkäufer) sich unmittelbar vor Vertragsschluss grundsätzlich noch einmal vergewissern muss, ob er die verkaufte Sache überhaupt liefern kann. Gerade weil H einen Kunsthandel betreibt, hätte er damit rechnen müssen, dass das Bild zwischenzeitlich veräußert sein könnte. Deswegen musste er sich zuvor über seine Leistungsfähigkeit vergewissern. Da dies nicht geschehen ist, hat H fahrlässig i.S.v. § 276 Abs. 2 gehandelt und kann sich nicht exkulpieren.

IV. Rechtsfolge: Somit ist Schadensersatz statt der Leistung gemäß § 311 a Abs. 2 S. 1 Var. 1 geschuldet. Hierzu zählt auch der entgangene Gewinn, § 252, welcher bei K 500 € beträgt.

Daher besteht ein Schadensersatzanspruch des K gegen H i.H.v. 500 €.

C. Ersatzansprüche hinsichtlich der 100 € für den Bilderrahmen?

I. K könnte gegen H ein **Anspruch auf Schadensersatz aus § 311 a Abs. 2 S. 1 Var. 1** i.H.v. 100 € zustehen.

1. Die **Voraussetzungen** des § 311 a Abs. 2 liegen vor, s.o. B.

2. Schadensersatz kommt nur in Betracht, wenn K insofern einen Schaden hat.

Schäden sind **unfreiwillige Vermögenseinbußen**. Hier hat jedoch K die 100 € nach Abschluss des Kaufvertrags freiwillig aufgewandt, um den Bilderrahmen zu erwerben. Offenbar ist der Bilderrahmen auch 100 € wert, sodass K ein Äquivalent erhalten hat. Somit scheidet ein Schaden und mithin auch ein Schadensersatzanspruch aus.

II. K könnte gegenüber H ein **Anspruch auf Aufwendungsersatz aus § 311 a Abs. 2 S. 1 Var. 2** i.V.m. § 284 i.H.v. 100 € zustehen.

1. Wie aus der Formulierung in § 284 – „anstelle des Schadensersatzes" – folgt, **müssen** prinzipiell die **Voraussetzungen des** Schadensersatzanspruchs aus **§ 311 a Abs. 2 S. 1 Var. 1** (bis auf den Schaden) **vorliegen**. Die Voraussetzungen des § 311 a Abs. 2 S. 1 sind hier gegeben (s.o. B.).

2. Ferner müssen nutzlose **Aufwendungen i.S.v. § 284** getätigt worden sein.

a) Aufwendungen sind **freiwillige Vermögensopfer**, hier die Bezahlung der 100 € an den Antiquitätenhändler.

b) Diese müssen **im Vertrauen auf den Erhalt der Leistung** getätigt worden sein. Im Hinblick darauf, dass hier der Erwerb des Bilderrahmens speziell für das gekaufte Bild erfolgte, ist auch diese Voraussetzung gegeben.

c) Weitere Voraussetzung ist, dass der Gläubiger, hier K, diese Aufwendungen **auch billigerweise** machen durfte. Hat der Gläubiger Aufwendungen getätigt, obwohl er mit dem Nichterhalt der Leistung bereits rechnen musste, so wäre die Billigkeit zu verneinen, was hier jedoch nicht der Fall war. Streitig ist, ob die Billigkeit auch dann entfällt, wenn die Aufwendungen in einem offensichtlichen Missverhältnis zur Bedeutung der erwarteten Leistung stehen.[46] Hier erscheinen jedoch 100 € im Verhältnis zum Wert des Bildes nicht als überproportional. Streitig ist ferner, ob § 284 nur für private Aufwendungen oder auch für kommerzielle Aufwendungen[47] gilt. Da hier K ursprünglich Rahmen wie Bild für sich privat verwenden wollte, kann dieser Streit dahinstehen.

d) Ferner erfordert § 284 **nutzlose Aufwendungen**.

K hat den Bilderrahmen eigens für das angekaufte Bild erworben. Da er nunmehr das Bild nicht erhält und der Rahmen wegen der individuellen Maße nicht anderweitig verwendbar ist, war diese Aufwendung nutzlos. Sofern sich die Aufwendung auch bei ordnungsgemäßer Lieferung nicht rentiert hätte, ist gemäß § 284 Hs. 2 die Ersatzfähigkeit nicht gegeben. Weil der Bilderrahmen dem Interessenten ohnehin nicht gefiel, könnte hieran gedacht werden. Jedoch hatte K den Rahmen nicht zur Weiterveräußerung, sondern für sich selbst erworben. Insofern wird nach dem Wortlaut des § 284 Hs. 2 vermutet, dass sich die Aufwendung rentiert hätte, sog. Rentabilitätsvermutung.

Folge: K hat aus § 311 a Abs. 2 S. 1 Var. 2 i.V.m. § 284 einen Anspruch auf Aufwendungsersatz i.H.v. 100 €.

Unterscheide:

1. Schadensersatz:

a) Materielle Schäden = unfreiwillige Vermögensopfer

b) Immaterielle Schäden = unfreiwillige, nicht vermögensrechtliche Opfer. Diese sind gemäß § 253 Abs. 1 nur ersatzfähig, wenn im Gesetz bestimmt:
- Schmerzensgeld, § 253 Abs. 2
- Entgangener Urlaubsgenuss, § 651 f Abs. 2

2. Aufwendungsersatz, § 284:
Aufwendungen = freiwillige Vermögensopfer

---

46 Palandt/Grüneberg § 284 Rn. 6.
47 So BGH RÜ 2005, 513.

Fall 17: Verzug – Verzögerungsschäden

Fliesenleger F war vom Bauherrn B beauftragt worden, die Bodenfliesen in der Arztpraxis des B zu verlegen. Am 01.07. sind alle Fliesen verlegt. B ist begeistert und verspricht, den F weiterzuempfehlen. Am 05.07. schickt F dem B eine Rechnung über 5.600 € mit dem Zusatz: „Handwerkerrechnung! Zahlbar sofort netto, ohne Abzug", welche B am 06.07. zugeht. Da F erst am 25.08. den Zahlungseingang feststellen kann, begibt er sich zu Rechtsanwalt R und bittet um Klärung folgender Fragen:

1. Kann F Schadensersatz von B verlangen, insbesondere weil sein Konto infolge schlechter Auftragslage in der Zwischenzeit im Minus steht und ihm seine Bank hierfür 10% Überziehungszinsen berechnet?
2. Kann F von B auch eine Kostenpauschale für seinen Aufwand verlangen?
3. Kann F von B Ersatz der an R zu zahlenden Anwaltsgebühren verlangen, wenn F sich am 30.07. von R hat beraten lassen?

Frage 1:

Dem F könnte ein Anspruch auf Ersatz des Verzögerungsschadens aus **§ 280 Abs. 1, Abs. 2 i.V.m. § 286 i.V.m. § 288** gegen B zustehen.

I. Es besteht ein **vertragliches Schuldverhältnis i.S.v. § 311 Abs. 1** zwischen F und B, hier aufgrund des wirksamen Werkvertrags, § 631.

II. In Betracht kommt eine **Pflichtverletzung** des Schuldners B dadurch, dass er sich hinsichtlich seiner Zahlungspflicht aus § 631 in Verzug befindet. Dies ist gemäß § 280 Abs. 2 der Fall, wenn die **Voraussetzungen des Verzuges** gemäß **§ 286** vorliegen.

1. Erforderlich für den Verzug ist gemäß § 286 Abs. 1 zunächst, dass ein **fälliger, durchsetzbarer Anspruch F gegen B auf Werklohnzahlung** bestand.

a) F hat gegen B einen **Anspruch auf Zahlung** des Werklohns aus § 631 (i.V.m. § 632, falls nicht konkret vereinbart).

b) Da B das Werk gemäß § 640 Abs. 1 abgenommen hat, folgt die **Fälligkeit** des Anspruchs aus **§ 641 Abs. 1**.

c) Da keinerlei Einreden des B ersichtlich sind, ist der **Werklohnanspruch** des F auch **durchsetzbar**.

2. Grundsätzlich setzt der Verzug **gemäß § 286 Abs. 1 S. 1 eine Mahnung** voraus.

Mahnung ist jede an den Schuldner gerichtete Leistungsaufforderung, welche auch konkludent erfolgen kann. Wie jedoch aus dem Umkehrschluss zu § 286 Abs. 3 folgt, kann in dem bloßen Zusenden einer Rechnung keine konkludente Mahnung gesehen werden. Dies gilt insbesondere, wenn zuvor kein Pauschalpreis vereinbart worden war, weil dann der Kunde aufgrund der Rechnung überhaupt erst weiß, was er schuldet.

3. In den Fällen des **§ 286 Abs. 2 ist eine Mahnung entbehrlich**.

a) Eine **kalendermäßige Bestimmung i.S.v. § 286 Abs. 2 Nr. 1** oder Bestimmbarkeit i.S.v. Abs. 2 Nr. 2 ist jedoch nur gegeben, wenn die Leistungszeit zuvor im Vertrag vereinbart worden ist. Eine einseitige Bestimmung durch den Gläubiger genügt nicht.[48] Da hier eine vertragliche Vereinbarung nicht ersichtlich ist, führt die einseitige Zeitbestimmung des F in seiner Rechnung nicht zur Entbehrlichkeit der Mahnung gemäß § 286 Abs. 2 Nr. 1 oder Nr. 2.

b) Eine **ernsthafte und endgültige Zahlungsverweigerung** durch B **i.S.v. § 286 Abs. 2 Nr. 3** liegt nicht vor.

c) Auch sind besondere Gründe i.S.v. **§ 286 Abs. 2 Nr. 4**, die unter Abwägung der beiderseitigen Interessen eine Mahnung als entbehrlich erscheinen lassen, nicht ersichtlich.

4. Demnach kann der Verzug nur unter den Voraussetzungen des § 286 Abs. 3 entstanden sein.

a) B ist Schuldner einer **Entgeltforderung**, hier der Werklohnforderung.

b) Der Gläubiger F hat eine **Rechnung** an den Schuldner B gesandt, welche auch **zugegangen** ist.

c) Es müssen **30 Tage ab Fälligkeit** und Zugang der Rechnung (06.07.) verstrichen sein. Dies ist der Fall. Für die Fristberechnung gelten die allgemeinen Grundsätze aus §§ 187, 188.

d) Da B kein Verbraucher ist, bedurfte es **keines Hinweises** gemäß § 286 Abs. 3 S. 1 Hs. 2.

e) Gemäß § **286 Abs. 4** wird ein **Verschulden** des B bis zu **seiner Exkulpation** vermutet.

5. Rechtsfolge: F kann von B gemäß § 280 Abs. 1, Abs. 2 Ersatz des Verzögerungsschadens verlangen.

Werden, wie hier, Verzugszinsen verlangt, so ist § 288 einschlägig:

a) Gemäß § 288 Abs. 1 können grundsätzlich pauschal 5 Prozentpunkte über dem Basiszinssatz verlangt werden, welcher sich nach § 247 richtet.

b) Da vorliegend F und B Unternehmer sind, kann F aus **§ 288 Abs. 2 i.V.m. § 247** pauschal, d.h. ohne jeglichen Schadensnachweis, 9 Prozentpunkte über dem Basiszinssatz verlangen.

c) Jedoch kann gemäß § 288 Abs. 4 bei entsprechendem Nachweis auch ein **konkreter Zinsschaden** geltend gemacht werden. Hier beträgt dieser 10%, welche die Bank für die Kontoüberziehung des F berechnet.

Frage 2:

F könnte gegen B ein Anspruch auf Kostenpauschale aus **§ 280 Abs. 1, Abs. 2 i.V.m. § 286 i.V.m. § 288 Abs. 5** zustehen.

I. B befindet sich, wie bereits dargestellt, gemäß § 286 Abs. 3 in **Verzug**.

II. Gemäß § 288 Abs. 5 besteht für den Gläubiger einer Entgeltforderung gegen den Schuldner, der kein Verbraucher ist, ein Anspruch auf die Kostenpauschale i.H.v. 40 €.

48 BGH RÜ 2008, 69, 70; Palandt/Grüneberg § 286 Rn. 22.

Klausurtipp:
Da im Gesetzestext nicht bloß „Geldforderung" steht, ist durch den Begriff Entgeltforderung klargestellt, dass Abs. 3 nur für Geld als Gegenleistung, also für gegenseitige Verträge anwendbar ist. Einseitige Geldforderungen, z.B. Rückzahlungsansprüche aus Darlehen, § 488, fallen nicht hierunter.

Klausurtipp:
Wird wie hier Ersatz der Verzögerungsschäden verlangt, so überlappt sich die Vermutung des § 286 Abs. 4 mit der des § 280 Abs. 1 S. 2.

Zinsansprüche:

1. § 246: gesetzlicher Zinssatz 4% = nur relevant, wenn im Vertrag vereinbart oder im Gesetz bestimmt (z.B. § 494 Abs. 2 S. 2)

2. § 247: Basiszins (dynamisch)

3. § 288: Verzugszins
- **Abs. 1:** 5%-Punkte über Basiszins i.S.v. § 247
- **Abs. 2:** 9%-Punkte über Basiszins bei Unternehmern
- **Abs. 3:** Höherer Zinssatz aus anderem Rechtsgrund (Vertrag oder Gesetz)
- **Abs. 4:** Konkret höherer Zinsschaden nachgewiesen

4. § 291: Prozesszins, auch wenn kein Verzug, ab Rechtshängigkeit; Höhe: gemäß § 291 S. 2 i.V.m. § 288

Frage 3:

Dem F könnte gegen B ein Anspruch auf Ersatz der Anwaltsgebühr aus **§ 280 Abs. 1, Abs. 2 i.V.m. § 286** zustehen.

I. Ein Verzögerungsschaden liegt jedoch nur vor, wenn er **nach** Eintritt des Verzuges als dessen kausale Folge entsteht.

II. Hier fand jedoch die Beratung durch den Anwalt zu einem Zeitpunkt statt, als ein Zahlungsverzug des B gemäß § 286 Abs. 3 noch nicht vorlag, da am 30.07. noch nicht 30 Tage seit Rechnungszugang verstrichen waren. Diese Kosten stellen daher keinen Verzögerungsschaden dar. Vielmehr sind Beratungskosten im **Vorfeld** des Verzuges Aufwendungen in eigener Sache, welche nicht ersatzfähig sind.

Fall 18: Schadensersatz statt der Leistung und Rücktritt bei Ausbleiben der Leistung

K und B schlossen am 30.06. einen notariellen Grundstückskaufvertrag, in dem sich B zur lastenfreien Übertragung des Eigentums verpflichtete. Der Kaufpreis sollte bis zum 15.08. bezahlt werden, wenn bis zu diesem Tage von B die Löschungsunterlagen für mehrere eingetragene Grundschulden vorlagen. Dies geschah nicht. Daraufhin setzte K dem B mit Schreiben vom 19.08. eine Frist von drei Wochen zur Vorlage der für die Löschung der Grundschulden erforderlichen Unterlagen. K kündigte an, nach fruchtlosem Ablauf der Frist Klage auf Erfüllung und auf Ersatz des Verzögerungsschadens zu erheben. B ließ die Frist verstreichen, kündigte jedoch für Mitte Oktober die Übersendung der Unterlagen an. Ende Oktober ließ K gegen B Klage auf Übereignung des lastenfreien Grundstücks erheben. Mit anwaltlichem Schreiben vom 05.12., zugegangen am 07.12., erklärte K, nicht mehr bereit zu sein, den Vertrag durchzuführen. Er erklärte den Rücktritt und verlangte Schadensersatz. B teilt nunmehr mit, dass die Löschungsunterlagen in den nächsten Tagen eingehen würden. Er hält den Rücktritt für unberechtigt, da K nach Ablauf der gesetzten Frist ja selbst Erfüllung eingeklagt habe.

1. Kann K von B Schadensersatz verlangen?
2. Kann B von K noch den Kaufpreis Zug zum Zug gegen Aushändigung der Löschungsunterlagen verlangen?

Bei nicht rechtzeitiger Leistung ist zu differenzieren:

- **Reine Verzögerungsschäden** kann der Gläubiger als Schadensersatz **neben** der (verspäteten) Leistung unter den Voraussetzungen des **§ 280 Abs. 1, Abs. 2 i.V.m. § 286** verlangen. Der ursprüngliche Erfüllungsanspruch auf die Leistung bleibt dann bestehen.
- Hingegen richtet sich **Schadensersatz statt** der Leistung nach **§ 280 Abs. 1, Abs. 3 i.V.m. § 281**. Der Erfüllungsanspruch auf die Leistung geht gemäß § 281 Abs. 4 unter, sobald der Gläubiger Schadensersatz verlangt hat.

Klausurtipp:
Da die Fallfrage nur auf „Schadensersatz" lautet, ist aus dem Sachverhalt zu ermitteln, welche Art von Schadensersatz der Gläubiger begehrt. Hier zeigt das Verhalten des K, insbesondere der erklärte Rücktritt, dass er nicht lediglich Schadensersatz neben der Leistung als Verzögerungsschaden aus § 280 Abs. 1, Abs. 2 i.V.m. § 286 verlangt. Vielmehr will er die ursprüngliche Leistung (= lastenfreies Grundstück) nicht mehr und stattdessen Schadensersatz, also aus § 280 Abs. 1, Abs. 3 i.V.m. § 281.

Frage 1:

K könnte gegen B einen **Anspruch auf Schadensersatz statt der Leistung aus § 280 Abs. 1, Abs. 3 i.V.m. § 281 Abs. 1 S. 1 Var. 1** haben.

A. Fraglich ist, ob der **Anspruch entstanden** ist.

I. Ein **Schuldverhältnis** besteht hier aufgrund des Kaufvertrags zwischen K und B. Selbst wenn K wirksam hiervon zurückgetreten sein sollte, so ergibt sich aus der Regelung des § 325, dass dennoch Schadensersatz statt der Leistung verlangt werden kann.

II. Erforderlich ist des Weiteren eine **Pflichtverletzung des B durch nicht rechtzeitige Leistung, § 280 Abs. 1, Abs. 3 i.V.m. § 281 Abs. 1 S. 1 Var. 1.**

B hat seine Pflicht aus dem Kaufvertrag, die Löschungsunterlagen bis zum 15.08. beizubringen, verletzt, weil er die Unterlagen bis dahin nicht vorlegte.

III. Ferner ist eine **Fristsetzung zur Leistung durch Gläubiger** erforderlich, **§ 281 Abs. 1**.

Gemäß § 281 Abs. 1 muss K dem B eine angemessene Frist zur Leistung, hier zur Beibringung der Löschungsunterlagen, gesetzt haben, damit dieser doch noch erfüllt. Die hier gesetzte Frist von drei Wochen erscheint nicht unangemessen kurz.

Anmerkung: *Sollte eine zu kurze Frist gesetzt werden, so ist diese nach h.M. automatisch auf eine angemessene Frist zu verlängern. Ferner darf die Fristsetzung i.S.v. § 281 nicht mit einer Mahnung i.S.v. § 286 Abs. 1 verwechselt wer-*

den. § 281 setzt keinen Verzug voraus, sodass die Voraussetzungen des § 286 nicht inzidenter zu prüfen sind. Vielmehr hat § 281 eigenständige Voraussetzungen!

IV. Die **gesetzte Frist** wurde von B nicht eingehalten und ist damit **erfolglos verstrichen**.

V. B hat die nicht rechtzeitige Bewirkung seiner Leistung nach der Zweifelsregelung des § 280 Abs. 1 S. 2 **zu vertreten**. Eine Exkulpation durch B ist nicht erfolgt.

VI. Rechtsfolge: Somit ist mit Ablauf der gesetzten Frist der Anspruch auf Schadensersatz statt der Leistung aus § 280 Abs. 1, Abs. 3 i.V.m. § 281 Abs. 1 entstanden.

B. Der **Schadensersatzanspruch** könnte **untergegangen** sein.

I. Der Anspruch auf Schadensersatz statt der Leistung könnte **dadurch** untergegangen sein, dass K Ende Oktober **stattdessen Klage auf Erfüllung** des Vertrags (aus § 433 Abs. 1) erhoben hat.

Wie sich aus § 281 Abs. 4 ergibt, erlischt der Anspruch auf die Leistung (Erfüllung) erst, wenn der Gläubiger Schadensersatz verlangt hat. Hieraus könnte man im Umkehrschluss der Ansicht sein, dass der Gläubiger, der nach Ablauf der gesetzten Frist eben nicht Schadensersatz statt der Leistung, sondern noch die ursprünglich geschuldete Erfüllung (aus § 433 Abs. 1) verlangt, seinen Schadensersatzanspruch aus § 281 Abs. 1 verliert.[49] Diese Sichtweise wäre richtig, wenn zwischen dem Erfüllungsanspruch und dem Schadensersatz statt der Leistung eine echte Wahlschuld i.S.v. § 262 vorläge, weil dann der Gläubiger an seine einmal getroffene Wahl gebunden ist, § 263 Abs. 2. Hierfür bietet jedoch § 281 Abs. 4 keine Anhaltspunkte. Die Vorschrift regelt lediglich den Untergang des Erfüllungsanspruchs für den Fall, dass der Gläubiger seine Entscheidung dahingehend trifft, dass er den Sekundäranspruch auf Schadensersatz statt der Leistung geltend gemacht hat. Dies bedeutet jedoch nicht umgekehrt, dass bei Erfüllungsverlangen des Gläubigers der Schadensersatzanspruch aus § 281 untergeht.[50] Macht der Gläubiger – wie hier – zunächst noch den Anspruch auf Erfüllung geltend, so ist dies weder als eine unabänderliche, rechtsgestaltende Willenserklärung noch als ein Verzicht auf das Schadensersatzrecht (oder Rücktrittsrecht i.S.v. § 323) zu verstehen.

Damit geht das einmal begründete Recht, Schadensersatz statt der Leistung nach § 281 zu verlangen, nicht dadurch unter, dass der Gläubiger hier zunächst auf Erfüllung geklagt hat. Demnach bedarf es auch keiner neuen Fristsetzung i.S.v. § 281 Abs. 1 durch K.

II. Der Schadensersatzanspruch könnte **durch das Erfüllungsangebot des Schuldners** untergegangen sein.

Zwar ist streitig, ob der Gläubiger in der Schwebelage zwischen fruchtlosem Fristablauf und seinem eigenen Schadensersatzverlangen i.S.v. § 281 Abs. 4 eine angebotene Erfüllung des säumigen Schuldners noch akzeptie-

---

49 So OLG Celle, Urt. v. 17.05.2005 – 16 U 232/04, NJW 2005, 2094 f.

50 BGH, Urt. v. 20.01.2006 – V ZR 124/05, RÜ 2006, 179, welcher die Entscheidung des OLG Celle aufgehoben hat.

ren muss. Hier hat B jedoch bis zum Zugang der Rücktrittserklärung am 07.12. die Löschungsunterlagen nicht beigebracht, sondern lediglich angekündigt, er wolle dies tun, sodass es auf den vorgenannten Streit nicht ankommt.

Somit hat K nach wie vor einen Anspruch auf Schadensersatz statt der Leistung aus § 280 Abs. 1, Abs. 3 i.V.m. § 281.

Frage 2:

B könnte gegen K einen Anspruch auf Zahlung des Kaufpreises aus **§ 433 Abs. 2** haben.

A. Der Anspruch aus § 433 Abs. 2 ist mit Abschluss des wirksamen Kaufvertrags **entstanden**.

B. Fraglich ist, ob der **Kaufpreisanspruch untergegangen** ist.

I. In Betracht kommt ein **Untergang gemäß § 281 Abs. 4**.

1. Dadurch, dass K nunmehr Schadensersatz statt der Leistung verlangt hat (s.o. Frage 1), geht gemäß § 281 Abs. 4 der Anspruch auf die „Leistung", also der Erfüllungsanspruch des Käufers K gegen B aus § 433 Abs. 1 unter.

2. Hier begehrt der Verkäufer B jedoch die Gegenleistung, den Kaufpreis aus § 433 Abs. 2. Das Schicksal der Gegenleistung ist in § 281 Abs. 4 nicht geregelt. Jedoch wäre es unbillig, wenn der säumige Schuldner B zwar seine Leistung (§ 433 Abs. 1) nicht mehr erbringen muss, aber noch seinen Anspruch auf die Gegenleistung behielte, zumal Leistung und Gegenleistung synallagmatisch miteinander verbunden sind, vgl. §§ 320, 322. Daher erlischt analog § 281 Abs. 4 „erst recht" auch der Anspruch auf die Gegenleistung.[51]

II. Der Kaufpreisanspruch könnte **durch Rücktritt** untergegangen sein.

1. Die **Rücktrittserklärung des K i.S.v. § 349** ist B am 07.12. zugegangen. Rücktritt und Schadensersatz statt der Leistung können kumulativ erfolgen, vgl. § 325.

2. Rücktrittsgrund bei verzögerter Leistung ist **§ 323 Abs. 1 Var. 1**, welcher praktisch die gleichen Voraussetzungen wie § 281 Abs. 1 hat bis auf die Tatsache, dass Rücktritt kein Verschulden aufseiten des B erfordert.

Demnach gilt hinsichtlich der Fristsetzung und des nachfolgenden Erfüllungsverlangens des K das oben Gesagte entsprechend. Somit liegt auch ein wirksamer Rücktritt vor.

Folge: Der Kaufpreisanspruch ist untergegangen.

Anmerkung: *Sieht man in der Nichtvorlage der Löschungsunterlagen lediglich die Nichterfüllung einer Teilleistung, da B ja das Grundstück als solches rechtzeitig übereignen konnte, so kann hier K dennoch vom gesamten Vertrag zurücktreten bzw. insgesamt Schadensersatz statt der Leistung verlangen, da es sich um eine erhebliche Nichterfüllung handelt, s. § 281 Abs. 1 S. 2, sog. großer Schadensersatz bzw. § 323 Abs. 5 S. 1, sog. großer Rücktritt.*

Untergang der Erfüllungsansprüche bei Ausbleiben der Leistung:

1. Grundsätzlich: Der bloße Verzug (§ 286) führt nicht zum Untergang der Erfüllungsansprüche, sondern nur zu Schadensersatz neben der Leistung aus § 280 Abs. 1, Abs. 2, § 286.

2. Ausnahmen:

a) Falls Gläubiger Schadensersatz statt der Leistung verlangt hat aus § 280 Abs. 1, Abs. 3 i.V.m. § 281:

- Gemäß **§ 281 Abs. 4** geht Anspruch auf Leistung gegen den säumigen Schuldner unter.
- **Analog § 281 Abs. 4** geht Anspruch auf die Gegenleistung (Kaufpreis) unter („erst-recht-Schluss", str.).

b) Falls Gläubiger den Rücktritt gemäß § 323 erklärt hat.

51 Palandt/Grüneberg § 281 Rn. 52 (str.).

4. Teil: Gläubigerverzug = Annahmeverzug, §§ 293 ff.

Fall 19: Ersatzansprüche bei Gläubigerverzug

Pferdezüchter P hatte eine Stute an R verkauft. Vereinbart war, dass die Stute noch gedeckt werden sollte und dann am 15.07. um 11.00 Uhr von P auf den Hof des R gebracht wird. Als P zum vereinbarten Termin auf dem Hof des R erscheint, ist niemand anzutreffen. Auch telefonisch ist R nicht erreichbar. P, der die wertvolle Zuchtstute nicht einfach irgendwo auf dem Hof anbinden will, nimmt sie daraufhin wieder in seinem Hänger mit zurück. Später gesteht R, dass er aufgrund einer Siegesfeier nach einem Reitturnier „versackt" sei und bittet, dass ihm die Stute am nächsten Tag gebracht werde, was auch geschieht. Nunmehr verlangt P von R Ersatz der Kosten für den nutzlosen An- und Abtransport am Vortag i.H.v. 150 €. Zu Recht?

I. P könnte gegen R einen Anspruch auf Ersatz der Transportkosten i.H.v. 150 € aus **§ 304** wegen Annahmeverzug des R haben.

1. Der R müsste sich im **Gläubiger-/Annahmeverzug gemäß §§ 293 ff.** befinden.

a) Dies setzt zunächst einen **erfüllbaren Anspruch des R gegen P** voraus.

Hier bestand aus § 433 Abs. 1 ein Anspruch R gegen P auf Lieferung des Pferdes. Der Anspruch war auch erfüllbar, da das Pferd am 15.07. um 11.00 Uhr geliefert werden sollte.

b) Ferner ist ein **Angebot des Schuldners gemäß § 294** (hier des Verkäufers P) erforderlich.

Gemäß § 294 muss grundsätzlich ein tatsächliches Angebot erfolgen, was hier zum vereinbarten Termin auch geschah. Es lag allein an dem Gläubiger R, dass dieser nicht zugegen war und dementsprechend nicht das Pferd entgegennehmen konnte.

c) Umgekehrt muss eine **Nichtannahme durch den Gläubiger R** vorliegen.

R hat zum vereinbarten Termin die Stute nicht entgegengenommen.

d) Der **Schuldner muss zur Leistung bereit und imstande, § 297,** gewesen sein.

Der Schuldner P war seinerseits zur Leistung, d.h. hier zur Übergabe und Eigentumsübertragung, bereit und imstande, § 297.

Somit befand sich der Gläubiger R im Annahmeverzug.

2. Rechtsfolge: Gemäß § 304 sind daher die **Mehraufwendungen** für das erfolglose Angebot sowie die Aufbewahrung und Erhaltung des geschuldeten Gegenstandes zu **ersetzen**. Die von P geltend gemachten Transportkosten stellen nur für die Anfahrt die Kosten für ein erfolgloses Angebot dar und sind dementsprechend zu ersetzen.

II. P könnte gegen R ein Anspruch auf Ersatz der Transportkosten als Verzögerungsschaden aus **§ 280 Abs. 1, Abs. 2 i.V.m. § 286** wegen Schuldnerverzugs des R zustehen.

1. Zunächst muss ein **Schuldverhältnis** zwischen P und R bestehen.

Es besteht ein wirksamer Kaufvertrag i.S.v. § 433 zwischen P und R.

Klausurtipp:
Lehnt der Käufer die Ware zu Unrecht ab, so kommt in Betracht:

- Gläubigerverzug (Annahmeverzug), §§ 293 ff., da Käufer = Gläubiger des Lieferanspruchs aus § 433 Abs. 1

und

- Schuldnerverzug, § 286, da Käufer = Schuldner der Abnahmepflicht aus § 433 Abs. 2

Dass somit Gläubiger- und Schuldnerverzug gleichzeitig vorliegen können, liegt allein daran, dass im Kaufrecht über § 433 Abs. 2 die Abnahme als echte Pflicht des Käufers statuiert wird. Gleiches gilt wegen § 640 auch im Werkvertragsrecht.

2. Die **Pflichtverletzung** des R müsste darin bestehen, dass er in **Schuldnerverzug gemäß § 286** geraten ist.

a) Dies setzt zunächst einen **fälligen durchsetzbaren Anspruch des Gläubigers gegen den Schuldner** voraus.

Gemäß § 433 Abs. 2 schuldet der Käufer nicht nur die Kaufpreiszahlung, sondern auch die Abnahme der Kaufsache. Daher hatte der Verkäufer P gegen den Käufer R einen Anspruch auf Abnahme. Dieser war am 15.07. um 11.00 Uhr fällig. Somit bestand ein fälliger durchsetzbarer Anspruch des P gegen R auf Abnahme des Pferdes aus § 433 Abs. 2.

b) Weitere Voraussetzung für den Schuldnerverzug ist eine **Mahnung oder Entbehrlichkeit** derselben.

Eine Mahnung des P an R gemäß § 286 Abs. 1 war hier entbehrlich, da die Leistungszeit für die Anlieferung des Pferdes kalendermäßig bestimmt war, § 286 Abs. 2 Nr. 1.

c) R hat seine Abnahmepflicht aus § 433 Abs. 2 **nicht rechtzeitig erfüllt**.

d) Ein **Vertretenmüssen des Schuldners** des R wird gemäß § 286 Abs. 4 vermutet. Aufgrund seiner Einlassung scheidet eine Exkulpation ohnehin aus.

Anmerkung: *Hier liegt der Unterschied zwischen Schuldner- und Gläubigerverzug. Weil der Schuldner die Erfüllung einer Pflicht schuldet, erfordert Schuldnerverzug ein Verschulden, was allerdings nach § 286 Abs. 4 vermutet wird. Die Annahme durch den Gläubiger hingegen ist eine bloße Obliegenheit, weswegen die Vorschriften über den Gläubigerverzug, §§ 293 ff., kein Verschulden erfordern.*

Somit befand sich R mit seiner Abnahmepflicht aus § 433 Abs. 2 im Schuldnerverzug.

3. Rechtsfolge gemäß § 280 Abs. 1, Abs. 2: P kann von R Ersatz des Verzögerungsschadens verlangen.

a) Da die Kosten der **erstmaligen Anlieferung** vor Verzugseintritt entstanden sind, stellen sie keine kausale Folge des Verzuges dar und sind daher nicht ersatzfähig.

b) Die **Rücktransportkosten** sind nach Verzugseintritt entstanden. Andererseits hätte P auch bei rechtzeitiger Abnahme des Pferdes zurückfahren müssen, sodass diese Fahrtkosten sowieso angefallen wären. Also sind diese nicht zu ersetzen.

c) Die Kosten für die **erneute Anlieferung** des Pferdes am Folgetag sind nach Verzugseintritt entstanden und damit als Verzögerungsschaden zu ersetzen.

Anmerkung: *Bei Gläubigerverzug werden dagegen gemäß § 304 nur die Kosten des erfolglosen Angebots ersetzt, also nicht die Kosten für das neue Angebot am Folgetag.*

Fall 20: Risiko beim Gläubigerverzug

Als sich P, nachdem er im vorangegangenen Fall den R nicht angetroffen hat, am 15.07. mit dem Pferd auf der Rückfahrt befindet, muss er eine scharfe Bremsung einleiten, weil er einen kurzen Moment leicht abgelenkt war. Infolge der Vollbremsung kann er zwar eine Kollision mit dem vor ihm bremsenden Fahrzeug vermeiden. Jedoch gerät die Stute derart in Panik, dass sie an einem Herzschlag verendet. Nunmehr verlangt R Schadensersatz, da er die Stute gewinnbringend hätte weiterverkaufen können. Hingegen meint P, er könne für das Verenden der Stute nicht verantwortlich gemacht werden und verlangt seinerseits Bezahlung des Kaufpreises. Wer hat Recht?

Klausurtipp:
Ausgehend vom „Jetzt-Zeitpunkt" liegt hier Unmöglichkeit der Leistung (Lieferung) vor, sodass mit dem Schadensersatzanspruch wegen Unmöglichkeit aus §§ 280 Abs. 1, Abs. 3, 283 einzusteigen war. Da jedoch die Unmöglichkeit während des Gläubigerverzuges des R eingetreten ist, sind die Privilegien des § 300 Abs. 1 beim Vertretenmüssen des Schuldners i.R.d. § 280 Abs. 1 S. 2 einzubauen.

A. Dem R könnte gegen P ein Anspruch auf **Schadensersatz statt der Leistung wegen nachträglicher Unmöglichkeit** gemäß **§ 280 Abs. 1, Abs. 3 i.V.m. § 283** zustehen.

I. Ein **Schuldverhältnis** ist hier aufgrund des wirksamen Kaufvertrags, § 433, zwischen P und R gegeben.

II. Ferner muss nachträgliche **Unmöglichkeit der Leistung, § 275 Abs. 1,** vorliegen.

P als Schuldner der ursprünglichen Lieferpflicht aus § 433 Abs. 1 braucht nach § 275 Abs. 1 nicht mehr zu leisten, da ihm die Lieferung der Stute infolge ihres Verendens unmöglich geworden ist, sodass nachträgliche Unmöglichkeit vorliegt.

III. Dies muss **vom Schuldner zu vertreten** sein**, § 280 Abs. 1**.

Dies wird zwar grundsätzlich gemäß § 280 Abs. 1 vermutet. Jedoch könnte sich P hier gemäß § 280 Abs. 1 S. 2 exkulpiert haben.

1. P war leicht unaufmerksam. Ausgehend vom **Maßstab des § 276 Abs. 1, 2** genügt leichte Fahrlässigkeit, sodass insofern eine Exkulpation des P nicht gelingen könnte.

2. Da sich jedoch R zum Zeitpunkt der Rückfahrt im Gläubiger-/Annahmeverzug befand (s.o. Fall 19), ist der Schuldner der ursprünglichen Lieferpflicht, P, **gemäß § 300 Abs. 1** in der Weise **privilegiert**, dass er nur für Vorsatz und grobe Fahrlässigkeit haftet. Demnach hat P seine leichte Fahrlässigkeit nicht zu vertreten.

Ein Schadensersatzanspruch R gegen P aus § 280 Abs. 1, Abs. 3 i.V.m. § 283 scheidet somit aus.

B. P könnte gegen R einen Anspruch auf Zahlung des Kaufpreises aus **§ 433 Abs. 2** haben.

I. Der Kaufpreisanspruch ist mit Abschluss des wirksamen Kaufvertrags, § 433, entstanden.

II. Fraglich ist, ob der **Kaufpreisanspruch** untergegangen ist.

1. Grundsätzlich geht bei Unmöglichkeit der Leistung (Lieferung) der Anspruch auf die Gegenleistung (Kaufpreiszahlung) **gemäß § 326 Abs. 1** wegen der synallagmatischen Verknüpfung unter.

2. Eine **Ausnahme** gilt **gemäß § 326 Abs. 2 Var. 2**, falls sich der Gläubiger des ursprünglichen Leistungsanspruchs, hier des ursprünglichen Lieferanspruchs, zu dem Zeitpunkt des Eintritts der Unmöglichkeit im Annahmeverzug befand. Hier befand sich Käufer R im Annahmeverzug, §§ 293 ff.

Umgekehrt darf der Schuldner, hier der Verkäufer, die Unmöglichkeit nicht zu vertreten haben, was ebenfalls der Fall ist.

Folge: Der Kaufpreisanspruch P gegen R ist nicht untergegangen.

R ist daher zur Kaufpreiszahlung gemäß § 433 Abs. 2 verpflichtet.

Abweichungen bei Verzug:

1. Bei Gläubigerverzug, §§ 293 ff.:
- Haftungsprivileg des Schuldners gemäß § 300 Abs. 1
- Gefahrübergang gemäß § 300 Abs. 2

2. Bei Schuldnerverzug, § 286:
- Schuldner haftet „zur Strafe" auch für Zufallsschäden, § 287
- Bei Deliktsansprüchen: § 848

5. Teil: Verletzung von Schutz-, Sorgfalts- und Rücksichtnahmepflichten, §§ 241 ff.

Fall 21: Schadensersatz bei Verletzung von Schutz-, Sorgfalts- und Rücksichtnahmepflichten

Generalbauunternehmer U hat den Subunternehmer S beauftragt, in dem Rohbau die Wände zu verputzen. Als U am ersten Tag in der Mittagspause zu Kontrollzwecken auf der Baustelle mit seinem nagelneuen Geschäftswagen erscheint, stolpert ein Arbeiter des S und fällt auf den Pkw des U, wodurch Beulen im Kotflügel entstehen. Als U von S hierfür Schadensersatz verlangt, verweist dieser darauf, dass er seine Arbeiter stets sorgfältig ausgewählt und überwacht habe. Derartiges sei seinem Arbeiter noch nie passiert.

1. Besteht ein Schadensersatzanspruch U gegen S?

2. Am nächsten Tag bekommt U auf der Baustelle mit, wie S versucht, Bauarbeiter des U abzuwerben. Zudem erhält er einen Anruf des Bauherrn, welcher ihm mitteilt, dass S ihm gegenüber das Gerücht verbreitet habe, U stehe „kurz vor der Pleite". S hatte dem Bauherrn geraten, den Vertrag zu lösen und dann sich selbst angeboten, das Bauwerk zu Ende zu führen. U ist empört und schaltet einen Rechtsanwalt ein. Dieser erklärt schriftsätzlich gegenüber S den Rücktritt vom Subunternehmervertrag und verlangt Schadensersatz statt der Leistung. Zu Recht?

Bei **Leistungsstörungen ist zu unterscheiden:**

1. Hauptleistungspflichten:

a) Schlechtleistung (Mängel): Gewährleistungsrecht aus der jeweiligen Vertragsart grundsätzlich lex specialis, also § 437 Nr. 3 bzw. § 634 Nr. 4.

Allerdings nur, falls:

- Sach- oder Rechtsmangel vorliegt und
- Gefahrübergang stattgefunden hat, also Übergabe der Kaufsache, §§ 446, 447, bzw. Abnahme des Werkes, § 640.

b) Nichtleistung:

Hat der Schuldner gar nicht geleistet, so beurteilt sich Schadensersatz statt der Leistung nach **Schuldrecht AT**, also:

- § 280 Abs. 1, Abs. 3 i.V.m. § 281 bei Ausbleiben der Leistung
- § 280 Abs. 1, Abs. 3 i.V.m. § 283 bei nachträglicher Unmöglichkeit
- § 311 a Abs. 2 bei anfänglicher Unmöglichkeit.

2. Bzgl. Verletzung von Nebenpflichten:

a) Schadensersatz neben der Leistung wegen Verletzung allgemeiner Nebenpflichten,

Frage 1: Schadensersatzanspruch U gegen S wegen der Beschädigung des Pkw

A. Aus vertraglicher Gewährleistung

In Betracht kommt ein Schadensersatzanspruch aus werkvertraglicher Gewährleistung, **§ 634 Nr. 4 i.V.m. § 280 Abs. 1, Abs. 3 i.V.m. § 281**.

Dies setzt voraus, dass hier das Gewährleistungsrecht des Werkvertrags einschlägig ist. Zum einen erfordert dies ein mangelhaftes Werk i.S.v. § 633 Abs. 2, also eine Schlechterfüllung der Hauptleistungspflicht. Da hier die Hauptleistungspflicht in der Erstellung der Verputzarbeiten an den Wänden bestand, kann insofern kein Werkmangel vorliegen. Zum anderen ist die werkvertragliche Gewährleistung erst ab Abnahme des Werkes, § 640, einschlägig, welche hier nicht erfolgt ist. Somit scheiden gewährleistungsrechtliche Ansprüche aus.

B. Schadensersatz aus §§ 280 ff.

I. Dem U könnte gegen S auch ein Anspruch auf Schadensersatz statt der Leistung aus **§ 280 Abs. 1, Abs. 3 i.V.m. § 281** zustehen.

Außerhalb des Anwendungsbereichs des werkvertraglichen Gewährleistungsrechts sind die Regeln des Schuldrechts AT, §§ 280 ff., anwendbar. Vorliegend geht es jedoch nicht um die Nichterfüllung von Leistungspflichten, sondern um bloße Schutz- und Sorgfaltspflichten. Daher wird kein Schadensersatz statt der Leistung begehrt, sodass ein Anspruch aus § 280 Abs. 1, Abs. 3 i.V.m. § 281 ausscheidet.

II. U könnte gegen S ein Anspruch auf **Schadensersatz neben der Leistung** wegen Verletzung allgemeiner Schutz- und Sorgfaltspflichten aus **§ 280 Abs. 1** zustehen.

1. Es besteht ein **Schuldverhältnis i.S.v. § 311 Abs. 1** zwischen U und S aufgrund des Werkvertrags, § 631.

2. Ferner ist eine **Pflichtverletzung des S** erforderlich. In Betracht kommt nur die Verletzung von Schutz- und Sorgfaltspflichten i.S.v. Rücksichtnahmepflichten, § 241 Abs. 2.

D.h. Schutz-, Sorgfaltspflichten sowie Rücksichtnahmepflichten i.S.v. § 241 Abs. 2: Dann Schadensersatz neben der (Haupt-)Leistung aus **§ 280 Abs. 1**.

b) Sonderfall: Schadensersatz statt der Leistung wegen Verletzung der Rücksichtnahmepflicht i.S.v. § 241 Abs. 2: Dann – nur bei Unzumutbarkeit – Schadensersatz statt der Leistung aus **§ 282 i.V.m. § 280 Abs. 1, Abs. 3.**

a) Eine **eigene Pflichtverletzung des S liegt nicht vor**.

b) Fraglich ist, ob eine **Zurechnung des Arbeiters gemäß § 278** S. 1 Var. 2 erfolgen kann.

Dann müsste der gestolperte Arbeitnehmer Erfüllungsgehilfe i.S.v. § 278 sein. Erfüllungsgehilfe ist, wer mit Wissen und Wollen des Geschäftsherrn in dessen Pflichtenkreis tätig wird. Zum Pflichtenkreis des S gehören nicht nur Hauptleistungspflichten, sondern auch allgemeine Schutz- und Sorgfaltspflichten, die in jedem Vertragsverhältnis anfallen. Diese können auf Arbeitnehmer übertragen werden. Somit muss S sich gemäß § 278 die Pflichtverletzung seines Arbeitnehmers zurechnen lassen. Zwar spricht § 278 nur von der Zurechnung des Verschuldens, jedoch ist allgemein anerkannt, dass der Wortlaut zu eng ist, da jedes Verschulden als Bezugspunkt eine Pflichtverletzung voraussetzt. Mithin ist auch die Pflichtverletzung zuzurechnen.

3. Dass S dies **zu vertreten** hat, wird bis zur Exkulpation i.S.v. § 280 Abs. 1 S. 2 vermutet.

Da hier das Verschulden des Arbeitnehmers ebenfalls gemäß § 278 zugerechnet wird, scheidet eine Exkulpation des S gemäß § 280 Abs. 1 S. 2 aus. Umgekehrt ist für die Zurechnung des Arbeitnehmers in § 278 – anders als in § 831 Abs. 1 S. 2 – keine Exkulpation durch sorgfältige Auswahl und Überwachung des Erfüllungsgehilfen vorgesehen.

S hat daher die Pflichtverletzung zu vertreten.

4. Rechtsfolge: Es besteht ein **Schadensersatzanspruch neben der Leistung** aus § 280 Abs. 1 gegen S. Dieser muss die Reparaturkosten für die Beulen im Pkw ersetzen, § 249 Abs. 2.

C. Deliktische Ansprüche

Zurechnung von Fehlverhalten:

1. § 31:

- Zurechnung von Vorstandsmitgliedern an Verein
- analog für Zurechnung von Gesellschaftern an Gesellschaft (h.M.)
  ⇨ anwendbar im Vertrags- und Deliktsrecht

I. Ein Schadensersatzanspruch des U gegen S aus **§ 823 Abs. 1** entfällt mangels unerlaubter Handlung des S.

II. U könnte gegen S einen Anspruch auf Schadensersatz aus **§ 831 Abs. 1** haben.

1. U ist Geschäftsherr des Verrichtungsgehilfen A, da er als Arbeitgeber seinem Arbeitnehmer Weisungen erteilen kann.

2. Ferner muss eine **unerlaubte Handlung des Verrichtungsgehilfen** tatbestandlich und rechtswidrig vorliegen.

A ist als Arbeitnehmer weisungsgebunden und damit Verrichtungsgehilfe. A hat in Ausübung der Verrichtung das Eigentum des U rechtswidrig verletzt.

2. § 278
- Zurechnung gesetzlicher Vertreter (z.B. Eltern)
- Zurechnung von Erfüllungsgehilfen ⇨ anwendbar nur in Schuldverhältnissen, nicht im Deliktsrecht

3. § 831:
- Zurechnung des Verrichtungsgehilfen (strenge Weisungsgebundenheit erforderlich)
- Gleichzeitig ist § 831 Anspruchsgrundlage gegen den Geschäftsherrn.
- Exkulpation des Geschäftsherrn möglich, § 831 Abs. 1 S. 2 ⇨ anwendbar nur im Deliktsrecht.

3. Hingegen muss das **Verschulden** bei S vorliegen.

Das Verschulden des S wird vermutet bis zur Exkulpation gemäß § 831 Abs. 1 S. 2. Hier hat S dargelegt, dass er den Arbeiter seinerzeit sorgfältig ausgewählt sowie überwacht hat und dass es sich um einen einmaligen „Ausrutscher" handelt. Damit ist davon auszugehen, dass der S sich entsprechend exkulpiert hat.

Folglich scheidet ein Schadensersatzanspruch aus § 831 Abs. 1 aus.

Frage 2: Schadensersatz und Rücktritt

A. Nunmehr hat U keinerlei Erfüllungsinteresse und begehrt dementsprechend nicht Schadensersatz neben, sondern **Schadensersatz statt der Leistung**.

In Betracht kommt ein Anspruch auf **Schadensersatz statt der Leistung** wegen Verletzung einer Pflicht nach **§ 241 Abs. 2 aus § 282 i.V.m. § 280 Abs. 1, Abs. 3**.

I. Ein **Schuldverhältnis** ist hier aufgrund des Subunternehmervertrags zwischen U und S gegeben.

II. Der Schuldner muss die **Pflicht verletzt haben**, auf die Rechte, Rechtsgüter und Interessen des Gläubigers **Rücksicht zu nehmen, § 241 Abs. 2.** Der Versuch, Arbeitnehmer des Gläubigers abzuwerben, verstößt gegen solche Rücksichtnahmepflichten. Gleiches gilt für rufschädigende Äußerungen und Vertragsbrüche gegenüber Dritten.[52] Das Verbreiten von Insolvenzgerüchten sowie der Versuch des S, selbst den Auftrag zu übernehmen, stellt damit einen Verstoß gegen § 241 Abs. 2 dar.

III. Es muss **Unzumutbarkeit** für den Gläubiger bestehen, am Vertrag festzuhalten.

Die Pflichtverletzung muss so gravierend sein, dass dem Gläubiger die eigentliche Hauptleistung durch den Schuldner nicht mehr zuzumuten ist. Unzumutbarkeit setzt in der Regel voraus, dass der Schuldner zuvor abgemahnt worden ist, damit er die Möglichkeit erhält, sein rücksichtsloses Verhalten abzustellen.

Allerdings kann bei besonders schwerwiegenden Verstößen entsprechend dem Rechtsgedanken des § 281 Abs. 2 Var. 2 auf eine Abmahnung verzichtet werden.[53] Vorliegend handelt es sich um mehrere, schwerwiegende Verstöße des S, die letztlich nur das Ziel haben, den U unternehmerisch zu vernichten. Aus diesem Grund erscheint daher eine Abmahnung entbehrlich, sodass Unzumutbarkeit gegeben ist.

52 Vgl. Palandt/Grüneberg § 282 Rn. 3.
53 Palandt/Grüneberg § 282 Rn. 4.

IV. Dass dies **von S zu vertreten** ist, wird gemäß § 282 i.V.m. § 280 Abs. 1 vermutet. Eine Exkulpation des S gemäß § 280 Abs. 1 S. 2 scheidet aus.

V. Rechtsfolge: Gemäß § 282 kann U nunmehr insgesamt Schadensersatz statt der Leistung verlangen.

B. U könnte gegen S ein Anspruch auf Schadensersatz aus **§ 823 Abs.1** zustehen.

I. In Betracht kommt ein **Eingriff in den eingerichteten und ausgeübten Gewerbebetrieb als „sonstiges Recht"** i.S.v. § 823 Abs. 1.

Der Versuch des S, Arbeitnehmer abzuwerben sowie Kunden abspenstig zu machen, stellt einen betriebsbezogenen Eingriff in den Gewerbebetrieb des U dar.

II. Dies müsste **rechtswidrig** erfolgt sein. Da der Gewerbebetrieb ein sog. Rahmenrecht ist, muss die Rechtswidrigkeit festgestellt werden, ist also nicht – wie sonst bei § 823 Abs. 1 – indiziert.

Da sich das Verhalten des S in keiner Weise rechtfertigen lässt, war es auch rechtswidrig.

III. S muss schuldhaft gehandelt haben.

S hat vorsätzlich und damit schuldhaft i.S.v. § 276 Abs. 1 gehandelt.

IV. Rechtsfolge: S schuldet dem U Schadensersatz.

C. Weiterhin könnte der U auch wirksam vom Vertrag **zurückgetreten** sein.

I. Erforderlich ist eine **Rücktrittserklärung, § 349**. U hat über seinen Rechtsanwalt als Stellvertreter, § 164 Abs. 1, den Rücktritt erklären lassen.

II. Des Weiteren muss ein **Rücktrittsgrund vorliegen**. In Betracht kommt **§ 324**.

Der seitens des Rechtsanwalts des U erklärte Rücktritt wegen Verletzung von Rücksichtnahmepflichten richtet sich nach § 324.

Da diese Vorschrift – bis auf das Erfordernis eines Verschuldens – die gleichen Voraussetzungen wie § 282 hat, welche hier vorliegen (s.o.), ist der erklärte Rücktritt wirksam und hat damit den Vertrag beseitigt.

Gemäß § 325 stehen Schadensersatz und Rücktritt nebeneinander.

6. Teil: Störung der Geschäftsgrundlage, § 313

Fall 22: Störung der Geschäftsgrundlage – Konkurrenzen

Die V war Eigentümerin eines Gebäudes im Gewerbegebiet A, in dem ein neues Einkaufs- und Unterhaltungszentrum entstehen sollte. V vermietete das Erdgeschoss an B zum Betrieb eines Fast-Food-Restaurants. In dem Mietvertrag war als Vorbemerkung unter „Präambel" Folgendes zu lesen: „Auf dem bisher im Übrigen leeren Grundstück wird das H-Center errichtet. Das Objekt wird eine Gesamtfläche von 200.000 qm haben und vom Einzelhandel und Entertainment gemischt genutzt werden, insbesondere durch einen Verbrauchermarkt, einen Drogeriemarkt, Spielotheken, Autovermietung, Apotheken etc." Nachdem das H-Center erstellt war, ergab sich ein nicht unerheblicher Leerstand. B hat hierdurch erheblich weniger Kunden als erwartet und möchte daher die vereinbarte Miete herabsetzen, weil der in der Präambel in Aussicht gestellte Charakter eines Einkaufs- und Unterhaltungszentrums nicht gegeben sei. V hingegen meint, dies sei nicht ihr Problem und verlangt gleichwohl die vollständige Miete. Zu Recht?

V könnte gegen B eine Anspruch auf Zahlung der Miete aus **§ 535 Abs. 2** haben.

A. Der Anspruch auf Mietzahlung muss **entstanden** sein.

I. Die Parteien haben einen **wirksamen Mietvertrag i.S.v. § 535** geschlossen.

Klausurtipp:
Eine Anfechtung kommt – unabhängig von der problematischen Frage, ob überhaupt ein Anfechtungsgrund vorliegt oder nur ein unbeachtlicher Motivirrtum – hier nicht in Betracht, da B sich nicht vom Vertrag lösen, sondern nur weniger Miete zahlen will!

II. Eine **auflösende Bedingung i.S.v. § 158 Abs. 2** in dem Mietvertrag dahingehend, dass dieser bei Leerstand im H-Center aufgelöst sein soll, lässt sich aus der Präambel nicht entnehmen.

Somit ist der Anspruch auf Miete entstanden.

B. Der Anspruch könnte **teilweise untergegangen** sein.

In Betracht kommt ein teilweiser Untergang **infolge Mietminderung gemäß § 536 Abs. 1 Hs. 2.** Wie aus dem Wortlaut des § 536 Abs. 1 Hs. 2 „ist befreit" folgt, tritt die Minderung im Mietrecht automatisch ein, muss also nicht extra erklärt werden.

I. Dann müsste das Mietobjekt des B einen **Mangel i.S.v. § 536 Abs. 1 Hs. 1** aufweisen. Ein Mietmangel erfordert eine unmittelbare Beeinträchtigung der Tauglichkeit bzw. eine unmittelbare Einwirkung auf die Gebrauchstauglichkeit der Mietsache. Umstände, die die Eignung der Mietsache zum vertragsgemäßen Gebrauch nur mittelbar berühren, sind daher nicht als Mangel zu qualifizieren.[54] Demnach ist hier der teilweise Leerstand im H-Center nur eine mittelbare Beeinträchtigung. Somit scheidet ein Mangel i.S.v. § 536 Abs. 1 aus.

II. Mietminderung tritt gemäß § 536 Abs. 2 auch dann ein, wenn eine **zugesicherte Eigenschaft fehlt oder später wegfällt**. Fraglich ist, ob in der Präambel des Mietvertrags eine Zusicherung zu sehen ist. Problematisch ist

54 BGH NJW 2000, 1714 f.; BGH NJW 2006, 900.

bereits, ob die systematische Stellung in der Präambel, also als bloße Vorbemerkung, nicht bereits gegen die Annahme einer Eigenschaftszusicherung spricht. Allerdings ist nicht nur die systematische Stellung im Vertrag entscheidend, sondern die Auslegung unter Berücksichtigung aller Umstände, § 157. Jedenfalls müsste es sich überhaupt um zusicherungsfähige Eigenschaften des Mietobjektes handeln. Als Eigenschaften i.S.v. § 536 Abs. 2 kommen neben der physischen Beschaffenheit des Mietobjektes die tatsächlichen und rechtlichen Beziehungen des Mietgegenstandes zu seiner Umwelt in Betracht, welche für die Brauchbarkeit und den Wert des Mietobjektes von Bedeutung sind. Jedoch müssen diese Beziehungen ihren Grund in der Beschaffenheit des Mietobjektes selbst haben, von ihm ausgehen, ihm auch für eine gewisse Dauer anhaften und nicht lediglich durch Heranziehung von Umständen in Erscheinung treten, die letztlich außerhalb der Mietsache liegen.[55] Hier liegen aber die Umstände einer etwaigen Vollvermietung des H-Centers außerhalb des von B angemieteten Mietobjektes und es ist nicht ersichtlich, dass V hierfür vertragliche Pflichten übernommen hat.

Da somit weder ein Mietmangel vorliegt noch eine zugesicherte Eigenschaft fehlt, scheidet Mietminderung gemäß § 536 Abs. 1 aus. Der Anspruch auf Miete ist daher nicht untergegangen.

C. Der Mietzahlungsanspruch wäre aber in voller Höhe **nicht durchsetzbar**, falls G einen Gegenanspruch auf Vertragsanpassung hat.

Fraglich ist, ob B wegen **Störung der Geschäftsgrundlage** nach § 313 Abs. 1 im Wege der Vertragsanpassung Herabsetzung der Miete von V verlangen kann.

I. Die **Anwendbarkeit** der Störung der Geschäftsgrundlage setzt voraus, dass keine spezielleren Regelungen einschlägig sind

Vorrangige vertragliche Vereinbarungen bestehen nicht. Auch das vorrangige Leistungsstörungsrecht, insbesondere Gewährleistungsrecht, greift nicht (s.o.).

II. Es müsste eine **Störung der Geschäftsgrundlage** vorliegen.

1. Es muss ein **Umstand betroffen** sein, **der** für den Mietvertrag so **wesentlich** ist, dass er beidseitig als Geschäftsgrundlage, quasi als Fundament des Vertrags anzusehen ist. Dies lässt sich hier aufgrund der Vorbemerkung in der Präambel des Mietvertrags annehmen.

2. Die **Parteien** müssten, wenn sie die Änderungen vorausgesehen **hätten**, den **Vertrag nicht oder mit einem anderen Inhalt geschlossen** haben. Da sich regelmäßig die Miethöhe bei gewerblichen Flächen an der Gewinnerwartung orientiert, lässt sich auch diese Voraussetzung annehmen.

3. Der **Umstand** darf **nicht im Risikobereich einer Partei** liegen.

Jedoch muss das Festhalten am unveränderten Vertrag unter Berücksichtigung aller Umstände dem B nicht zuzumuten sein. Dies ist grundsätzlich nicht der Fall, wenn es um Erwartungen oder Umstände geht, die nach den

---

55 BGH NJW 2000, 1714 f.; BGH NJW 2006, 900 f.

vertraglichen Vereinbarungen ausschließlich in den Risikobereich des B fallen sollen.[56] Vorliegend ist zu berücksichtigen, dass bei einer gewerblichen Miete die Chance, mit dem Mietobjekt Gewinne erzielen zu können, ein typisches Risiko allein aufseiten des gewerblichen Mieters ist, da dieser generell das Verwendungsrisiko bezüglich der Mietsache trägt. Unabhängig davon, ob es sich noch um ein zu errichtendes oder um ein vorhandenes Geschäftszentrum handelt, fällt es in den Verantwortungsbereich des Mieters, als Unternehmer eigenständig die Erfolgsaussichten eines Geschäfts in der gewählten Lage abzuschätzen. Allein der Umstand, dass auch der Vermieter von einem wirtschaftlichen Erfolg des Projekts ausgeht, verlagert das Verwendungs- und Gewinnerzielungsrisiko für das angemietete Geschäft nicht von dem Mieter auf den Vermieter.[57]

Etwas anderes würde sich vorliegend dann ergeben, wenn die Vermieterin in der Präambel selbst das Risiko übernommen hat. Allerdings dokumentiert die Präambel lediglich die Motivation des Vermieters dahingehend, dass auch er von der Realisierbarkeit einer weitgehenden Vollvermietung ausgeht. Teilt er diese Überzeugung seinen potenziellen Mietern mit und legt er gleichzeitig den als sicher geglaubten Vermietungszustand dar, so übernimmt er nicht allein deswegen das Geschäftsrisiko des Mieters. Hierzu bedarf es vielmehr einer ausdrücklichen Vereinbarung der Vertragsparteien.[58] Vorliegend enthält die Präambel eine derartige Vereinbarung nicht.

Da somit ausschließlich der Risikobereich des Mieters B betroffen ist, kann er keine Anpassung der Miete unter dem Gesichtspunkt der Störung der Geschäftsgrundlage, § 313 Abs. 1, verlangen.

Ergebnis: Die V hat weiterhin einen Anspruch gegen B auf Zahlung der vollen Miete.

---

56 BGH, Urt. v. 09.05.2012 – IV ZR 1/11.
57 BGH NJW 2006, 900 f.
58 BGH NJW 2006, 900 f.

7. Teil: Außergeschäftsraumverträge, Fernabsatzverträge, §§ 312 ff.

Fall 23: Außergeschäftsraumverträge

Im Hauptbahnhof wird dem A am 01.09. ein Flyer in die Hand gedrückt. Dieser bewirbt eine Fahrt zur Mosel mit kostenloser Weinprobe und kostenloser Teilnahme an einem Winzerfest samt Abendessen: „Genießen Sie die einmalige Schönheit der Mosel und der Winzerdörfer. Wandern Sie durch Weinberge und erholen Sie sich bei einem bunten Abend auf dem Winzerfest, auf dem die Weinkönigin gewählt wird." Als A zu Hause ankommt, findet er den gleichen Prospekt im Briefkasten. Um seine Frau zu überraschen, bucht er für sich und seine Frau bei dem Anbieter, dem Weinhandel W, die Fahrt zur Mosel für zwei Personen à 15 € mit kostenloser Weinprobe und kostenloser Teilnahme am Winzerfest samt kostenlosem Abendessen für den 15.10. Am 15.10. erfolgt alles, wie im Prospekt versprochen. Allerdings drängen die Angestellten von W während der Weinprobe sowie während des Winzerfestes die Kunden, sich mit Wein beliefern zu lassen und entsprechende Kaufverträge zu unterzeichnen. A lässt sich während der kostenlosen Weinprobe überzeugen und kauft zwei Flaschen Riesling, Spätlese, Steillage, Jahrgang 2014, zum Gesamtkaufpreis von 38 €, welchen er sofort bezahlt. Am nächsten Abend auf dem Winzerfest wird er mutiger und ordert bei W zehn Kisten Riesling, welche W im November ausliefern soll. Wieder zu Hause merkt A, dass er vergleichbare Weine im örtlichen Weinhandel günstiger erhalten kann. Er begibt sich daher am 05.11. zu Rechtsanwalt R und beauftragt diesen, beide Kaufverträge mit W zu stornieren. Zu Recht?

A. In Betracht kommt **Anfechtung gemäß §§ 119 ff.**

Fraglich ist, ob A einen Anfechtungsgrund hat.

I. Anfechtungsgrund könnte ein **Inhalts- oder Erklärungsirrtum, § 119 Abs. 1,** sein.

Da A bei Abschluss der Kaufverträge genau das erklärt hat, was er erklären wollte, fallen Gewolltes und Erklärtes nicht auseinander, sodass insofern kein Irrtum vorlag.

II. Es könnte ein **Irrtum über verkehrswesentliche Eigenschaft, § 119 Abs. 2,** vorliegen.

Verkehrswesentliche Eigenschaften sind alle wertbildenden Faktoren. Hier hat sich A höchstens über die Angemessenheit des Preises geirrt. Der Kaufpreis bildet jedoch nicht den Wert der Kaufsache, sondern ist allenfalls das Ergebnis der wertbildenden Faktoren. Mithin fällt der Irrtum über den Kaufpreis nicht unter § 119 Abs. 2.

III. Weiterhin könnten aber eine **arglistige Täuschung** oder eine **widerrechtliche Drohung, § 123 Abs. 1,** vorliegen.

Dass W über Eigenschaften des Weins getäuscht hat, ist nicht ersichtlich. Zwar haben die Angestellten des W zum Vertragsschluss gedrängt. Jedoch ist hier nicht ersichtlich, dass dies derart intensiv geschah, dass mit dem

Möglichkeiten zur Lösung vom Vertrag:
- Anfechtung, §§ 119 ff.
- Widerruf, §§ 355 ff.
- Rücktritt, §§ 346 ff.
- Kündigung (bei Dauerschuldverhältnis), z.B.: §§ 543, 626, 314

Mittel der Drohung gearbeitet wurde. Somit entfällt auch der Anfechtungsgrund aus § 123 Abs. 1.

Damit ist der Kaufvertrag nicht anfechtbar.

B. In Betracht kommt jedoch ein **Widerrufsrecht bei Außergeschäftsraumverträgen aus § 312 g Abs. 1 Var. 1 i.V.m. § 355 Abs. 1.**

I. Der **Anwendungsbereich** muss **eröffnet** sein, **§ 312**.

Damit überhaupt der Anwendungsbereich eröffnet ist, muss gemäß § 312 Abs. 1 zunächst ein Verbrauchervertrag i.S.v. § 310 Abs. 3 über eine entgeltliche Leistung des Unternehmers vorliegen.

Dies setzt einen Vertrag zwischen einem Unternehmer und einem Verbraucher über eine entgeltliche Leistung voraus.

1. Die **persönlichen Voraussetzungen** gemäß **§§ 13, 14** müssen vorliegen.

Bei A handelt es sich um einen Verbraucher i.S.v. § 13 und bei W um einen Unternehmer i.S.v. § 14 Abs. 1.

2. Ferner ist ein **entgeltlicher Vertrag** erforderlich.

Da Kaufverträge geschlossen wurden, liegen auch Verträge über entgeltliche Leistungen vor.

II. Des Weiteren müssen die **situationsbedingten Voraussetzungen des § 312 b Abs. 1** gegeben sein.

1. In Betracht kommt ein **außerhalb von Geschäftsräumen geschlossener Vertrag i.S.v. § 312 b Abs. 1 Nr. 1.**

a) Unter § 312 b Abs. 1 Nr. 1 fallen im Wege des Ausschlussprinzips alle Verträge, die **nicht in Geschäftsräumen i.S.v. § 312 b Abs. 2** geschlossen werden. Hierzu gehören insbesondere Verträge, die auf allgemein zugänglichen Straßen, Wegen, Plätzen und öffentlichen Parks oder in Bahnhöfen, Bahnsteigen, Flughäfen geschlossen werden.[59]

b) § 312 b Abs. 1 Nr. 1 stellt aber formal auf den **Ort des Vertragsschlusses** ab.[60] Hier wurde zwar der erste Prospekt im Bahnhof überreicht und der zweite Prospekt fand sich im Briefkasten des A, also Orte außerhalb des Geschäftsraums des W. Jedoch wurde hier jeweils kein Vertrag über die Weine geschlossen. Somit liegen die situationsbedingten Voraussetzungen des § 312 b Abs. 1 Nr. 1 nicht vor.

2. Da auch der Verbraucher A nach Erhalt des zweiten Prospektes **kein Vertragsangebot von zu Hause** aus abgegeben und der Unternehmer hierbei abwesend war, scheidet auch **§ 312 b Abs. 1 Nr. 2** aus.

3. Ebenso wenig wurden unmittelbar nach dem **Ansprechen** im Bahnhof die Kaufverträge geschlossen, sodass auch **§ 312 b Abs. 1 Nr. 3** ausscheidet. Erforderlich wäre ein enger zeitlicher Zusammenhang zwischen Ansprechen außerhalb des Geschäftsraums und dem Vertragsschluss.[61] Hier wurden aber die Kaufverträge erst über einen Monat später geschlossen.

---

59 Palandt/Grüneberg § 312 b Rn. 4.

60 Palandt/Grüneberg § 312 b Rn. 3.

61 Palandt/Grüneberg § 312 b Rn. 6.

4. Es könnte aber ein **Ausfluggeschäft i.S.v. § 312 b Abs. 1 Nr. 4** vorliegen.

a) Es muss ein **organisierter Ausflug** stattgefunden haben.

Unter Ausflugveranstaltung fällt jede Veranstaltung, bei der das Freizeiterlebnis aufgrund der Art der Ankündigung oder Durchführung im Vordergrund steht. Der (angebliche) Unterhaltungswert soll vom eigentlichen Kaufzweck der Veranstaltung ablenken.[62] Die vorher unzweideutige Ankündigung, es handle sich um eine Verkaufsveranstaltung, kann im Einzelfall eine Ausflugveranstaltung ausschließen. Dementsprechend keine Freizeitveranstaltungen sind markt- oder messeähnliche Leistungsschauen, die der Verbraucher typischerweise nicht wegen des Freizeitwerts, sondern wegen des Warenangebots besucht.[63] Diese können dann aber über § 312 b Abs. 1 Nr. 1 oder Nr. 3 erfasst sein. Hier war zwar laut Prospekt der „W-Weinhandel" der Anbieter. Jedoch stand laut Prospekt die Fahrt zur Mosel im Vordergrund, um die landschaftliche Schönheit zu genießen sowie den „bunten Abend". Ausflugsfahrten zur Unterhaltung, Erholung oder Bildung rücken das Freizeiterlebnis in den Vordergrund und sind daher von § 312 b Abs. 1 Nr. 4 erfasst.[64] Auch Weinfeste und -proben gehören hierzu, wenn nicht der Verkaufszweck in den Vordergrund gerückt wird.[65]

b) Ferner muss **Kausalität** bestehen.

Es muss ein zeitlicher, räumlicher oder sachlicher Bezug zwischen der Ausflugsveranstaltung und der Willenserklärung des Verbrauchers bestehen, welcher insbesondere durch Fortwirken der „Stimmungslage" gegeben ist.[66] Demnach bestand hier eine Kausalität zwischen der Freizeitveranstaltung und den beiden Kaufverträgen.

Somit hat A hier grundsätzlich ein Widerrufsrecht gemäß § 312 b Abs. 1 Nr. 4 i.V.m. § 312 g Abs. 1.

III. Es darf **keine Bereichsausnahme gemäß § 312 Abs. 2–6** vorliegen.

1. In Betracht kommt ein **vollzogenes Bagatellgeschäft, § 312 Abs. 2 Nr. 12.**

Gemäß § 312 Abs. 2 Nr. 12 ist der Anwendungsbereich der § 312 b ff. ausgeschlossen, sofern die Leistung bei Abschluss der Verhandlungen sofort erbracht und bezahlt wird und das Entgelt 40 € nicht übersteigt. Da A hier die beiden Flaschen sofort bekommen und bar bezahlt hat und das Entgelt auch die Bagatellgrenze von 40 € nicht übersteigt, ist hinsichtlich des ersten Kaufvertrags der Anwendungsbereich der §§ 312 b ff. ausgeschlossen. Daher besteht auch kein Widerrufsrecht gemäß § 312 b i.V.m. § 312 g.

2. Hinsichtlich des zweiten Vertrags liegt hingegen kein Bagatellgeschäft i.S.v. § 312 Abs. 2 Nr. 12 vor. Zwar besteht für Getränke und Lebensmittel eine Bereichsausnahme gemäß § 312 Abs. 2 Nr. 8. Jedoch gilt diese nur für häufige und regelmäßige Belieferung des Käufers seitens des Unternehmers. Damit bleibt für die hier vorliegende Einmallieferung des Weins der Anwendungsbereich bestehen.

---

62 OLG Düsseldorf NJW-RR 1996, 1269.
63 BGH NJW 2002, 3100.
64 Palandt/Grüneberg § 312 b Rn. 7.
65 LG Braunschweig NJW-RR 1989, 1147.
66 OLG Saarbrücken NJW 1995, 141; Wassermann Jus 1990, 549, 551.

IV. Jedoch darf **kein Ausschluss des Widerrufsrechts gemäß § 312 g Abs. 2, 3** greifen.

Obwohl damit der Anwendungsbereich der §§ 312 b, g eröffnet ist, besteht kein Widerrufsrecht bzgl. des zweiten Kaufvertrags, wenn ein Ausschlussgrund aus dem Katalog des § 312 g Abs. 2 greift.

1. § 312 g Abs. 2 Nr. 5 benennt zwar Lieferverträge über alkoholische Getränke, aber nur, wenn diese frühestens 30 Tage später geliefert werden können und marktbedingte Wertschwankungen haben. Dies kommt nur bei spekulativen Weingeschäften (z.B. „vin en primeur") in Betracht,[67] was hier nicht der Fall war.

2. Auch lag hier keine Weinversteigerung i.S.v. **§ 312 g Abs. 2 Nr. 10** vor.

Damit ist das Widerrufsrecht des A bzgl. des zweiten Kaufvertrags nicht ausgeschlossen.

Widerrufsrechte für Verbraucher gemäß § 355:

- **§ 312 b, g:** Außergeschäftsraumverträge
- **§ 312 c, g:** Fernabsatzverträge
- **§ 495:** entgeltliche Darlehensverträge
- **§ 506 i.V.m. § 495:**
  - entgeltlicher Zahlungsaufschub
  - entgeltliche Finanzierungshilfe
- **§ 514 Abs. 2:** unentgeltliche Darlehensverträge

V. Rechtsfolge: Es besteht ein **Widerrufsrecht gemäß § 312 g Abs. 1 Var. 1 i.V.m. § 355 bzgl. des zweiten Kaufvertrags.**

1. Erforderlich ist eine **Widerrufserklärung** des A.

Der Widerruf muss gemäß § 355 Abs. 1 S. 3 eindeutig erfolgen. Er bedarf keiner Form und muss keine Begründung enthalten, § 355 Abs. 1 S. 4. Deswegen sind auch die Beweggründe für den Widerruf unerheblich.[68]

2. Die **Widerrufsfrist** beträgt **gemäß § 355 Abs. 2 S. 1** grundsätzlich 14 Tage; zur Fristwahrung genügt die rechtzeitige Absendung, § 355 Abs. 1 S. 5.

a) Die **Frist beginnt bei Verbraucherverträgen gemäß § 356 Abs. 2 Nr. 1 a** grundsätzlich mit Erhalt der Ware und gemäß § 356 Abs. 3 S. 1 ohnehin **nur, wenn** dem Verbraucher eine deutlich gestaltete **Belehrung** über sein Widerrufsrecht gemäß Art. 246 a § 1 Abs. 2 Nr. 1 EGBGB mitgeteilt worden ist. Hier ist nicht ersichtlich, dass dem A eine derartige Belehrung auf dem Weinfest ausgehändigt worden ist.

b) Ist A **nicht** dementsprechend **belehrt** worden, **so erlischt gemäß § 356 Abs. 3 S. 2 das Widerrufsrecht spätestens nach 12 Monaten und 14 Tagen**.

3. Demnach kann A ohne Gründe den zweiten Kaufvertrag widerrufen. **Gemäß § 355 Abs. 3 i.V.m. § 357** entsteht dann ein **Rückabwicklungsverhältnis**.

---

67 Palandt/Grüneberg § 312 g Rn. 8.

68 BGH Urt. v. 16.03.2016 – VIII ZR 146/15, RÜ 2016, 411.

Fall 24: Außergeschäftsraumvertrag, Ausschlussgründe

V weiß, dass seine Tante häufig ihren Schlüssel verliert. Da V Vertreter eines Schlüsseldienstes ist, ruft er seine Tante an und fragt, ob Sie Interesse an dem Schlüsselfunddienst habe. Die Tante T ist zunächst nicht begeistert; schließlich vereinbaren beide aber doch einen Besuch des V. Dabei gelingt es V, die T von dem Schlüsselfunddienst zu überzeugen: Gegen eine Jahresgebühr von 90 € erhält sie einen Schlüsselanhänger, auf dem die Adresse des Schlüsseldienstes mit dem Hinweis enthalten ist, dass der Finder des Schlüsselbundes diesen in jeden Postkasten werfen kann und die Post dann anschließend den Schlüsselbund für den Finder kostenfrei an den Schlüsseldienst zurücksendet. Sollte der Schlüssel nicht innerhalb von drei Wochen nach Verlust auftauchen, verpflichtet sich der Schlüsselfunddienst, die Kosten für den Austausch der Schlösser zu übernehmen. Die T unterschreibt einen entsprechenden Vertrag. Wochen später bereut T den Vertragsschluss und möchte sich gerne vom Vertrag lösen. Welche Möglichkeit hat sie?

In Betracht kommt ein **Widerrufsrecht** aufgrund Außergeschäftsraumvertrags gemäß **§ 312 g Abs. 1 Var. 1 i.V.m. § 355**.

I. Zunächst müsste der **Anwendungsbereich gemäß § 312 eröffnet** sein.

Gemäß § 312 Abs. 1 i.V.m. § 310 Abs. 3 ist ein entgeltlicher Verbrauchervertrag erforderlich.

1. Erforderlich ist ein **Vertrag zwischen einem Unternehmer und einem Verbraucher, § 310 Abs. 3.**

Der Schlüsseldienst stellt ein Unternehmen i.S.v. § 14 dar. Die T ist hingegen Verbraucherin i.S.v. § 13. Obwohl damit grundsätzlich die persönlichen Voraussetzungen des § 310 Abs. 3 erfüllt sind, könnte der Anwendung entgegenstehen, dass hier der Vertreter des Schlüsseldienstes mit der T verwandtschaftlich verbunden ist. Insofern könnte die vom Gesetzgeber zugrunde gelegte Überrumpelungsgefahr aufgrund der verwandtschaftlichen Beziehung fehlen. Dagegen spricht jedoch, dass der Gesetzgeber keinen konkreten Nachweis für eine Überrumpelungsgefahr fordert; vielmehr folgt der Gesetzgeber einer typisierenden Betrachtungsweise. Im Übrigen schließt eine verwandtschaftliche Beziehung eine Überrumpelungsgefahr nicht von vornherein aus. Verwandte müssen sich, wenn sie sich rechtsgeschäftlich gegenübertreten, nach den jeweiligen Vorschriften behandeln lassen.

2. Der hier abgeschlossene Vertrag über den Schlüsselfunddienst ist ein **entgeltlicher Vertrag i.S.v. § 312 Abs. 1**.

II. Ferner müssen die **situationsbedingten Voraussetzungen des § 312 b** für einen Außergeschäftsraumvertrag vorliegen.

Hier könnte ein Außergeschäftsraumvertrag i.S.v. § 312 b Abs. 1 Nr. 1 vorliegen.

Der Vertrag wurde bei gleichzeitiger körperlicher Anwesenheit im Bereich der Privatwohnung der T abgeschlossen, also an einem Ort, der kein

Geschäftsraum i.S.v. § 312 b Abs. 2 ist. Damit besteht für T grundsätzlich ein Widerrufsrecht gemäß § 312 Abs. 1.

III. Es darf **keine Bereichsausnahme gemäß § 312 Abs. 2–6** bestehen.

1. Gemäß **§ 312 Abs. 6** sind die §§ 312 b ff. **bei Versicherungsverträgen** generell ausgeschlossen. Der vorliegende Vertrag über den Schlüsselfunddienst enthält einen typengemischten Vertrag, bestehend aus Dienstleistung/Geschäftsbesorgung, §§ 611, 675. Da der Schlüsseldienst allerdings auch verspricht, sämtliche Kosten für den Austausch der Schlösser zu übernehmen, falls der Schlüssel nicht zurückgelangt, enthält er Aspekte einer (Vollkasko-) Versicherung. Insofern könnte wegen des versicherungsrechtlichen Einschlags der Ausschlussgrund des § 312 Abs. 6 vorliegen.

Klausurtipp: Behandlung typengemischter Verträge: Grundsätzlich ist vom Schwerpunkt auszugehen und dann nach der dafür einschlägigen Materie zu lösen.

Bei typengemischten Verträgen ist allerdings auf den Schwerpunkt abzustellen. Da die Geschäftsidee nur dann rentabel läuft, wenn der Schlüssel zurückgelangt, ist der Versicherungsaspekt nur hilfsweise und nur als Nebenaspekt gedacht. Denn die Kosten eines Austausches sämtlicher Schlösser würden den Jahresbeitrag bei Weitem übersteigen. Da somit der Versicherungsaspekt in den Hintergrund tritt, fällt der Abschluss eines Schlüsselfunddienstvertrags nicht unter den Ausschlussgrund „Versicherungsvertrag".[69]

2. Fraglich ist, ob ein **Ausschluss wegen vorhergehender Bestellung gemäß § 312 Abs. 2 Nr. 4 b** vorliegt.

Der Ausschlussgrund gilt nach dem eindeutigen Wortlaut nur für Reiseverträge i.S.v. § 651 a, welche hier nicht vorliegen. Unabhängig von der Frage, ob hier ohnehin nicht bloß eine provozierte Bestellung vorlag,[70] ist daher bei dem hier vorliegenden Schlüsselfunddienstvertrag der Anwendungsbereich nicht durch § 312 Abs. 2 eingeschränkt.

IV. Es darf auch **kein Ausschluss des Widerrufsrechts gemäß § 312 g Abs. 2** bestehen.

Aus dem Katalog des § 312 g Abs. 2 ist kein Ausschlussgrund einschlägig, sodass T ein Widerrufsrecht gemäß § 312 g Abs. 1 Var. 1 hat.

V. Rechtsfolge: T hat ein Widerrufsrecht gemäß § 312 g Abs. 1 i.V.m. § 355.

Bei Verträgen über Dienstleistungen beachte § 356 Abs. 4!

1. Grundsätzlich hat T ein **zweiwöchiges Widerrufsrecht gemäß § 312 g Abs. 1 i.V.m. § 355 Abs. 2 S. 1**, welches keiner Begründung bedarf.

2. Da hier jedoch T **nicht** über ihr Widerrufsrecht **belehrt** worden ist, erlischt ihr Widerrufsrecht **spätestens nach 12 Monaten und 14 Tagen, § 356 Abs. 3 S. 2.**

---

69 BGH NJW 1995, 324; Palandt/Grüneberg § 312 Rn. 29.

70 BGHZ 109, 127.

Fall 25: Grenzen der Außergeschäftsraumverträge

Unternehmer U fährt zu einem seiner Mietshäuser, um dort einige Dinge zu erledigen. Im Hausflur trifft er den dort wohnenden Mieter K an. Dieser ist freischaffender Künstler und hatte dem U mehrfach zu Spezialpreisen Bilder verkauft. Als K im Laufe des Gesprächs darüber klagt, wie schlecht seine Geschäfte gingen, bietet ihm U spontan ein Darlehen über 5.000 € an. Dieses Geschäftsdarlehen könne K sogar steuerlich geltend machen. Allerdings verlangt U als Sicherheit eine Bürgschaft der Ehefrau E des K. K ist begeistert und begibt sich mit U zu E. Die E, die selbst auch Künstlerin und am Geschäft des K beteiligt ist, sitzt gerade auf dem Balkon und malt ein Bild. Auf Bitten von K und U unterschreibt die E einen entsprechenden Bürgschaftsvertrag. Als es später zu ehelichen Streitigkeiten zwischen K und E kommt, bereut die E, sich für das Darlehen des K verbürgt zu haben.

Kann E sich vom Bürgschaftsvertrag lösen?

In Betracht kommt ein **Widerrufsrecht** der E aufgrund Außergeschäftsraumvertrags gemäß **§ 312 g Abs. 1 Var. 1 i.V.m. § 355 Abs. 1**.

I. Zunächst müsste der **Anwendungsbereich eröffnet sein gemäß § 312 Abs. 1 i.V.m. § 310 Abs. 3.**

1. Erforderlich ist ein **Vertrag über eine entgeltliche Leistung, § 312 Abs. 1.**

Fraglich ist, ob der Bürgschaftsvertrag als Vertrag über eine entgeltliche Leistung angesehen werden kann, da der Bürge kein Entgelt für den Erhalt einer Ware oder Dienstleistung bezahlt. Selbst wenn man „entgeltliche Leistung" i.S.v. § 312 darauf bezieht, dass der Bürge Geld zahlen muss, so spricht gegen die Anwendbarkeit des § 312 der Wortsinn, da „Entgelt" eigentlich eine Gegenleistung meint.

Die Bürgschaft ist mit der zu sichernden (Darlehens-)Forderung akzessorisch verknüpft, § 767.

2. Jedoch könnte für eine Einbeziehung des Bürgen in den Schutzbereich des § 312 folgende Überlegung sprechen: Wird der durch die Bürgschaft gesicherte Darlehensvertrag im Bereich einer Privatwohnung geschlossen und liegen auch die personellen Voraussetzungen des § 312 Abs. 1 i.V.m. § 310 Abs. 3 (Unternehmer–Verbraucher) vor, so ist der Darlehensvertrag über eine entgeltliche Leistung i.S.v. § 312 erfasst, weil der Darlehensnehmer den Darlehensbetrag empfängt und als Entgelt hierfür Zinsen bezahlt. Der Darlehensnehmer hätte dann ein Widerrufsrecht gemäß § 312 g Abs. 1 Var. 1.[71] Die Abgrenzung zum Widerrufsrecht des Darlehensnehmers gemäß § 495 ergibt sich aus § 312 g Abs. 3. Berücksichtigt man nun, dass die Bürgschaft eine akzessorisch verknüpfte Sicherheit für die Darlehensforderung darstellt, so zeigt sich, dass der Bürge gleichermaßen schutzwürdig ist.

Im Übrigen ist die EU-Richtlinie, auf die § 312 zurückzuführen ist, in ihrem Anwendungsbereich nur mittelbar in Art. 2 Nr. 5, 6 auf entgeltliche Geschäfte beschränkt. Daher wird heute ganz überwiegend angenommen, dass auch eine Bürgschaft einen Vertrag über eine entgeltliche Leistung im weitesten Sinne darstellt.[72]

---

71 BGH NJW 2002, 1881.
72 Palandt/Grüneberg § 312 Rn. 3, 5.

3. Daneben müssen die **persönlichen Voraussetzungen des § 312 Abs. 1 i.V.m. § 310 Abs. 3** vorliegen, sodass ein Verbraucher, § 13, mit einem Unternehmer, § 14, kontrahiert haben muss. Umstritten ist dabei, ob diese Voraussetzungen nur bzgl. des Bürgen gegeben sein müssen oder auch bzgl. des Hauptschuldners.

a) Eine Auffassung verlangt, dass diese Voraussetzungen, d.h. Verbrauchereigenschaft sowohl beim Hauptschuldner (Darlehensnehmer) als auch beim Bürgen erfüllt sind, sodass das Erfordernis eines zweifachen Verbrauchervertrags besteht.[73]

b) Die Gegenauffassung stellt maßgeblich auf die Schutzbedürftigkeit des Bürgen ab und bejaht ein Widerrufsrecht des Bürgen auch dann, wenn der Hauptschuldner kein Unternehmer ist.[74] Die EU-Richtlinie stelle nur einen Mindeststandard dar, über den das nationale Recht (hier § 312) hinausgehen könne.

c) Dieser Streit kann jedoch vorliegend dahinstehen, da es sich um einen Geschäftskredit für den Künstler K handelte. Da die E an dessen Kunsthandel beteiligt war, hat sie sich auch zu geschäftlichen Zwecken verbürgt. Somit fehlt auf jeden Fall die Eigenschaft als Verbraucher i.S.v. § 13. Mithin ist mangels Vorliegens der Grundvoraussetzungen des § 312 Abs. 1 i.V.m. § 310 Abs. 3 der Anwendungsbereich für § 312 b von vornherein nicht eröffnet. Damit kann für E auch kein Widerrufsrecht gemäß § 312 g Abs. 1 Var. 1 bestehen.

II. Ergebnis: Die E kann sich daher nicht vom Bürgschaftsvertrag lösen.

---

73 EuGH NJW 1998, 1295, aber noch zu § 312 a.F.; so noch BGH NJW 1998, 2356.

74 BGH NJW 2006, 169; BGH NJW 2007, 2109; Palandt/Grüneberg § 312 Rn. 8 m.w.N.

Fall 26: Fernabsatzverträge

Die Hausfrau A ist begeisterte Anhängerin der Teleshoppingsender. Gebannt verfolgt sie eines Vormittags die Vorführung des Teleshoppingsenders Q zu einer Küchenmaschine und einer Knoblauchmühle. Aufgrund des Jubiläumsangebots von 120 € für beide Geräte und der eingeblendeten rasanten Nachfrage sowie des Hinweises der Moderatorin, dass das Angebot nunmehr nur noch auf 20 Stück begrenzt sei, ordert A über die eingeblendete Hotline die beiden Geräte. Hier wird A nochmals auf den Preis von 120 € und die versandkostenfreie Zusendung hingewiesen und erklärt sich hiermit einverstanden. Auch die übrigen erforderlichen Informationen und Belehrungen wurden erteilt. Als das Paket wenige Tage später eintrifft, öffnet sie zusammen mit ihrer Freundin zunächst neugierig die Verpackung der Küchenmaschine und baut die Einzelteile zusammen. Als ihr Mann ihr später vorhält, sie habe sowieso zu viele Küchengeräte, die nur unnütz herumständen, gefällt ihr die Maschine angesichts der Größe nicht mehr. Hingegen möchte sie die Knoblauchmühle ausprobieren und legt zu diesem Zweck eine große frische Knoblauchzehe hinein. Da sich jedoch der Gebrauch der Mühle mühseliger gestaltet als erwartet und ihr Mann ohnehin keinen Knoblauch mag, entschließt sich A, alles wieder zurückzuschicken.

A fragt, ob eine Lösung vom Vertrag möglich ist und wer die Kosten der Rücksendung trägt.

Abwandlung: Bei dem Rücktransport zu Q ist es aus ungeklärten Gründen zur Beschädigung der Geräte im Paket gekommen. Deswegen verlangt Q von A Schadensersatz. Ferner macht Q geltend, durch das Aufreißen der Verpackungen und Zusammensetzen der Küchenmaschine habe diese keinen Neuwert mehr. Dies gelte insbesondere auch für die Knoblauchmühle, die nunmehr nach Knoblauch rieche. Q verlangt insofern Ersatz von A.

Bestehen die geltend gemachten Ansprüche?

Die A könnte ein **Widerrufsrecht** aufgrund eines Fernabsatzvertrags aus **§ 312 g Abs. 1 Var. 2 i.V.m. § 355** haben.

Klausurtipp:
§ 312 b und § 312 c schließen sich tatbestandlich aus. Denn § 312 b setzt als Außergeschäftsraumvertrag einen persönlichen Kontakt bei der Vertragsanbahnung bzw. bei dem Vertragsschluss voraus. Hat ein solcher Kontakt stattgefunden, ist ein Fernabsatzvertrag unanwendbar, denn § 312 c verlangt schon vom Wortlaut her eine „ausschließliche Verwendung von Fernkommunikationsmitteln".

I. Zunächst müsste der **Anwendungsbereich eröffnet** sein **gemäß § 312 Abs. 1 i.V.m. § 310 Abs. 3.**

1. Persönliche Voraussetzung ist ein **Verbrauchervertrag zwischen einem Unternehmer und einem Verbraucher, § 310 Abs. 3.**

Da A als Verbraucherin i.S.v. § 13 bestellt hat und andererseits Q Unternehmereigenschaft i.S.v. § 14 aufweist, ist diese Voraussetzung erfüllt.

2. Ferner ist in sachlicher Hinsicht ein **entgeltlicher Vertrag** erforderlich, **§ 312 Abs. 1**

Der vorliegend abgeschlossene Kaufvertrag stellt einen entgeltlichen Vertrag über die Lieferung von Waren dar.

II. Des Weiteren müssen die Anforderungen an einen **Fernabsatzvertrag i.S.v. § 312 c** erfüllt sein.

Erforderlich für einen Fernabsatzvertrag ist die ausschließliche Verwendung von **Fernkommunikationsmitteln** im Rahmen eines für den Fernabsatz organisierten Vertriebssystems, § 312 c Abs. 1.

Fernkommunikationsmittel sind gemäß § 312 c Abs. 2 Kommunikationsmittel, die zur Anbahnung oder zum Abschluss eines Vertrags ohne gleichzeitige körperliche Anwesenheit der Vertragsparteien eingesetzt werden können. Hierzu gehören insbesondere Telefonanrufe, Tele- und Mediendienste. Bei dem Teleshoppingsender handelt es sich auch um ein für den Fernabsatz organisiertes Vertriebssystem, sodass der vorliegende Fall sachlich unter den Fernabsatzvertrag fällt.

II. Es darf **keine Bereichsausnahme gemäß § 312 Abs. 2–6** greifen.

Zwar nimmt § 312 Abs. 2 Nr. 8 Verträge über die Lieferung von Haushaltsgegenständen des täglichen Bedarfs von dem Anwendungsbereich aus. Dies gilt jedoch gemäß § 312 Abs. 2 Nr. 8 Hs. 2 nur, wenn diese vom Unternehmer im Rahmen häufiger und regelmäßiger Fahrten geliefert werden; dabei muss der Unternehmer die Auslieferung selbst vornehmen oder organisieren. Eine bloße Zusendung durch die Post fällt nicht unter § 312 Abs. 2 Nr. 8.[75] Somit ist § 312 Abs. 2 hier nicht einschlägig, sodass mangels Bereichsausnahme der Vertrag im Anwendungsbereich des Fernabsatzvertrags i.S.v. § 312 c bleibt.

III. Fraglich ist, ob der Vertrag **gemäß § 312 j Abs. 4 unwirksam ist.**

Gemäß § 312 j Abs. 3 muss der Unternehmer bei Abschluss des Vertrags über Telemedien i.S.v. § 312 i, worunter auch Teleshopping fällt,[76] die Bestellsituation so gestalten, dass der Verbraucher mit seiner Bestellung ausdrücklich bestätigt, dass er sich zu einer Zahlung verpflichtet. Anderenfalls ist der Vertrag gemäß § 312 j Abs. 4 unwirksam (und braucht dann nicht widerrufen zu werden). Hier waren die Anforderungen jedoch erfüllt.

IV. Es darf **kein Ausschluss des Widerrufsrechts gemäß § 312 g Abs. 2** greifen.

1. Der Ausschlussgrund des **§ 312 g Abs. 2 Nr. 1** gilt nur für die Lieferung von Waren, die nach Kundenspezifikation angefertigt worden oder eindeutig auf persönliche Bedürfnisse zugeschnitten oder nicht zur Rücksendung geeignet sind, was vorliegend nicht der Fall ist.

2. § 312 g Abs. 2 Nr. 3 betrifft versiegelte Hygieneartikel. Die Vorschrift ist eng auszulegen und nicht einschlägig, wenn – wie hier – die Wiederverkaufsfähigkeit durch Reinigung hergestellt werden kann. Außerdem erfordert eine „Versiegelung" mehr als eine bloße Verpackung.[77]

Da auch die übrigen Ausschlussgründe nicht einschlägig sind, bleibt das Widerrufsrecht der A bestehen.

---

75 Palandt/Grüneberg § 312 Rn. 16.
76 Palandt/Grüneberg § 312 i Rn. 2.
77 Palandt/Grüneberg § 312 g Rn. 6.

V. Rechtsfolge: Es besteht ein **Widerrufsrecht der A gemäß § 312 g Abs. 1 Var. 2 i.V.m. § 355.**

1. Gemäß § 312 g Abs. 1 Var. 2 i.V.m. § 355 Abs. 2 S. 1 besteht grundsätzlich ein **zweiwöchiges Widerrufsrecht**.
Normalerweise setzt der Fristbeginn gemäß § 355 Abs. 2 mit Vertragsschluss ein.
Für Verbrauchsgüterkäufe bestimmt jedoch **§ 356 Abs. 2 Nr. 1 a**, dass die Frist erst mit **Erhalt der Ware** beginnt. Ferner folgt aus § 356 Abs. 3 S. 1, dass der Fristbeginn zusätzlich voraussetzt, dass die Belehrungspflichten eingehalten sind! Dies war vorliegend geschehen, sodass die zweiwöchige Widerrufsfrist mit Auslieferung der Ware beim Empfänger beginnt.

2. Für die **Rücksendung** gilt **§ 357**.

Gemäß § 357 Abs. 5 ist der Verbraucher bei Ausübung des Widerrufsrechts zur Rücksendung verpflichtet, wenn der Unternehmer nicht angeboten hat, die Sache abzuholen. Gemäß § 357 Abs. 6 trägt die Kosten der Rücksendung bei einem Widerruf grundsätzlich der Verbraucher, wenn er zuvor hierüber unterrichtet worden ist und der Unternehmer sich (z.B. aus Werbegründen) nicht bereit erklärt, die Kosten selbst zu tragen.

Anmerkung: *Die Kosten der Hinsendung zum Verbraucher trägt im Falle eines Widerrufs hingegen grundsätzlich der Unternehmer, § 357 Abs. 2.*

Lösung der Abwandlung:

A. Schadensersatz bezüglich der Beschädigungen an den Geräten?

In Betracht kommen Schadensersatzansprüche aus **§ 280 Abs. 1**.

I. § 361 Abs. 1 schließt nur Ansprüche gegen den Verbraucher **„infolge des Widerrufs"** aus. Daher bleiben Schadensersatzansprüche wegen Verletzung der Rücksendepflicht des Verbrauchers unberührt.

II. Da hier jedoch die Beschädigung aus **ungeklärter Ursache** auf dem Rücktransport zum Unternehmer erfolgt ist, ist eine Pflichtverletzung der Kundin hinsichtlich ihrer Rücksendepflicht nicht ersichtlich. Dementsprechend bestehen keine Schadensersatzansprüche Q gegen A.

B. Ersatzansprüche für den Verlust des Neuwerts aus § 357 Abs. 7?

I. Für die Ingebrauchnahme der Küchenmaschine könnte sich ein solcher Ersatzanspruch aus **§ 357 Abs. 7** ergeben.

Hierzu stellt § 357 Abs. 7 Nr. 1 klar, dass der Verbraucher Wertersatz für eine Verschlechterung der Sache nur zu leisten hat, soweit diese auf einen Umgang mit der Sache zurückzuführen ist, der über die bloße Prüfung der Eigenschaften und der Funktionsweise hinausgeht (und er hierüber entsprechend belehrt wurde). Demnach ist das Auspacken und das Zusammensetzen der Küchenmaschine als Ingebrauchnahmehandlung nicht dem Verbraucher anzulasten.

II. Für die Knoblauchmühle könnte sich ein solcher Ersatzanspruch aus § 357 Abs. 7 ergeben.

Da die Knoblauchmühle nicht nur zusammengesetzt, sondern auch benutzt wurde, ist fraglich, ob dies eine Wertersatzpflicht auslöst. Jedoch stellt § 357 Abs. 7 Nr. 1 klar, dass Wertersatz für eine Verschlechterung der Sache erst in Betracht kommt, wenn diese auf einen Umgang mit der Sache zurückzuführen ist, der über die Prüfung der Funktionsweise hinausgeht. Das einmalige Ausprobieren löst daher keine Wertersatzpflicht wegen Verschlechterung der Sache aus, sondern erst ein darüber hinausgehender Gebrauch i.S.e. Nutzung der Sache.[78] Die Verschlechterung, die hier durch die einmalige Prüfung der Knoblauchmühle entstanden ist (sichtbare Gebrauchsspuren, Geruch etc.) ist daher nicht von A gemäß § 357 Abs. 7 zu ersetzen.

III. Zudem könnte ein Anspruch des Q gegen A auf **Nutzungsersatz gemäß §§ 812 Abs. 1 S. 2 Var. 1, 818 Abs. 2** bestehen.

Gerade beim Fernabsatzvertrag besteht ein Bedürfnis des Verbrauchers, die aus der Ferne bestellte Ware „zu checken". Der Verbraucher muss in seiner Bedenkzeit die Möglichkeit haben, die Sache kostenlos auszuprobieren.[79] Deswegen ist die Regelung in § 357 Abs. 7 abschießend. Dies kann nicht durch ein Ausweichen auf allgemeine Ansprüche wie §§ 812 ff. oder ggf. §§ 987 ff. umgangen werden. Daher sind die Anspruchsgrundlagen unanwendbar, vgl. § 361 Abs. 1.

Daher bestehen bzgl. der Knoblauchmühle weder Wertersatzansprüche wegen Verschlechterung noch wegen Nutzung.

Ergebnis: Q hat keine Ansprüche gegen A.

78 Palandt/Grüneberg § 357 Rn. 9.
79 EuGH RÜ 2009, 683, 684.

Fall 27: Internetverträge

Student S stöbert mal wieder im Internet bei der Verkaufsplattform „Mybuy". Dort landet er bei dem „Powerseller" P. Dieser bietet dort zu günstigen Preisen Ausstellungsstücke, Auslaufmodelle etc. an. P bietet über Mybuy diese Waren entweder zum Sofortkauf zu einem Festpreis an oder im Rahmen einer mehrtägigen Versteigerung an den Meistbietenden. S bietet auf eine von P angebotene Stereoanlage. S wird der Meistbietende und freut sich über den „Schnäppchenpreis". Diverse von P angebotene CDs und DVDs bestellt S hingegen zum Sofortpreis. Nachdem S den Gesamtbetrag überwiesen hat, schickt P ihm die versiegelten CDs und DVDs sowie die Stereoanlage zu. Als S die Stereoanlage auspackt, gefällt ihm diese nicht. Beim Ansehen der DVDs merkt er schon nach den ersten Filmszenen, dass er diese schon mehrfach gesehen hat. Als er sich die CDs zusammen mit seiner Freundin anhört, überzeugt diese ihn, dass er „aus dem Alter für solche Musik heraus sei". Am liebsten möchte S nunmehr alles rückgängig machen. Zu Recht?

Auszug aus den AGB der Mybuy AG:

§ 9 Vertragsschluss

(1) Indem ein Mitglied als Anbieter zwecks Durchführung einer Onlineauktion einen Artikel auf die Mybuy-Webseite einstellt, gibt er ein verbindliches Angebot zum Vertragsschluss über diesen Artikel ab. Dabei bestimmt der Anbieter eine Frist, binnen derer das Angebot durch ein Gebot angenommen werden kann (Laufzeit der Online-Auktion). Das Angebot richtet sich an den Bieter, der während der Laufzeit der Onlineauktion das höchste Gebot abgibt.

(2) ...

(3) Mit dem Ende der vom Anbieter bestimmten Laufzeit der Onlineauktion oder im Fall der vorzeitigen Beendigung durch den Anbieter kommt zwischen dem Anbieter und dem das höchste Gebot abgebenden Bieter ein Vertrag über den Erwerb des von dem Anbieter in die Mybuy-Webseite eingestellten Artikels zustande.

Abwandlung: Was gilt, wenn P behauptet, er sei kein Unternehmer, da er schließlich kein Geschäft und keine Angestellten habe, sondern alles allein per PC abwickle?

Dem S könnte aufgrund eines Fernabsatzvertrags gemäß **§ 312 g Abs. 1 Var. 2 i.V.m. § 355** ein **Widerrufsrecht** zustehen.

I. Zunächst müsste der **Anwendungsbereich eröffnet** sein gemäß **§§ 312 Abs. 1, 310 Abs. 3.**

Hier hat S als Verbraucher gemäß § 13 bei dem „Powerseller" P als Unternehmer gemäß § 14 einen Kaufvertrag, also einen entgeltlichen Vertrag geschlossen.

II. Es muss ein **Fernabsatzgeschäft** i.S.v. **§ 312 c** vorliegen.

Der Vertragsschluss erfolgte unter ausschließlicher Verwendung von Fernkommunikationsmitteln i.S.v. § 312 c Abs. 2, nämlich per Internet im Rahmen des Vertriebssystems des P.

III. Es darf **keine Bereichsausnahme gemäß § 312 Abs. 2–6** greifen.

Die in § 312 Abs. 2 genannten Ausnahmetatbestände liegen nicht vor. Somit ist der vorliegende Fall vom Fernabsatzvertragsrecht umfasst.

IV. Fraglich ist, ob der Vertrag **gemäß § 312 j Abs. 4 unwirksam** ist.

Gemäß § 312 j Abs. 3 muss der Unternehmer bei elektronischen Geschäften i.S.v. § 312 i die Bestellsituation so gestalten, dass der Verbraucher mit seiner Bestellung ausdrücklich bestätigt, dass er sich zur Zahlung verpflichtet. Erfolgt die Bestellung über eine Schaltfläche, darf sie nur den Hinweis „zahlungspflichtig bestellen" oder eine entsprechend deutliche Formulierung enthalten. Anderenfalls ist der Vertrag gemäß § 312 j Abs. 4 nichtig (und braucht nicht widerrufen zu werden). Da hier durch die Hinweise „sofort kaufen" oder „Versteigerung" die Zahlungspflicht des Verbrauchers deutlich wird, sind die Anforderungen des § 312 j Abs. 3 eingehalten. Der Vertrag ist daher nicht gemäß § 312 j Abs. 4 unwirksam.

V. Es darf **kein Ausschluss des Widerrufsrechts gemäß § 312 g Abs. 2** vorliegen.

1. Hinsichtlich der CDs und DVDs ist gemäß § 312 g Abs. 2 Nr. 6 bei Fernabsatzverträgen über die Lieferung von Audio- oder Videoaufzeichnungen von Software, sofern die gelieferten Datenträger vom Verbraucher entsiegelt worden sind, ein Widerrufsrecht ausgeschlossen. Sonst könnte jeder Verbraucher während der Widerrufsfrist Nutzungen ziehen und diese Nutzung wäre schwierig nachweisbar. Da vorliegend S die CDs und DVDs entsiegelt hatte, ist bereits deswegen ein Widerrufsrecht ausgeschlossen.

2. Hinsichtlich der Stereoanlage könnte ein Widerrufsrecht gemäß § 312 g Abs. 2 Nr. 10 ausgeschlossen sein, wonach bei Fernabsatzverträgen in der Form von Versteigerungen kein Widerrufsrecht besteht.

Zu berücksichtigen ist aber, dass § 312 g Abs. 2 Nr. 10 für die Versteigerungen ausdrücklich klargestellt, dass der Ausschlusstatbestand nur Versteigerungen unter persönlich Anwesenden erfasst, sog. Präsenzversteigerungen. Somit fallen Internetversteigerungen nicht unter den Ausschluss des § 312 g Abs. 2 Nr. 10.[80]

Daher hat S hinsichtlich der Stereoanlage ein Widerrufsrecht gemäß § 312 g Abs. 1 Var. 2.

Lösung der Abwandlung:

Die Vorschriften über den Fernabsatzvertrag gelten gemäß § 312 Abs. 1 i.V.m. § 310 Abs. 3 von vornherein nur, wenn ein **Unternehmer i.S.v. § 14** an einen Verbraucher i.S.v. § 13 veräußert. Für die Unternehmerqualität des Veräußerers ist nicht das äußerliche Auftreten entscheidend. Vielmehr sind die Gesamtumstände zu berücksichtigen. Unternehmer i.S.v. § 14 ist jede natürliche oder juristische Person, die am Markt planmäßig und dauerhaft Leistungen gegen Entgelt anbietet. Eine bestimmte Betriebsgröße ist hiermit nicht verbunden. Daher fallen auch Kleingewerbetreibende, die nicht im Handelsregister eingetragen sind, hierunter. Auch branchenfremde Ne-

80 Palandt/Grüneberg § 312 g Rn. 13.

bengeschäfte wie die nebenberufliche unternehmerische Tätigkeit fallen unter § 14.[81] Demnach erfordert die Unternehmereigenschaft kein kaufmännisches Gewerbe i.S.v. §§ 1 ff. HGB, sodass auch Freiberufler und Handwerker erfasst sind. Dabei sind nach dem Rechtsgedanken des § 344 HGB Rechtsgeschäfte eines Unternehmers im Zweifel nicht dem privaten Bereich, sondern dem unternehmerischen Bereich zuzuordnen.[82] Somit lässt sich hiernach die Unternehmereigenschaft bejahen. Demnach sind die Vorschriften über den Fernabsatz anzuwenden.

81 Palandt/Ellenberger § 14 Rn. 2.
82 Palandt/Ellenberger § 14 Rn. 2, str.

8. Teil: Allgemeine Geschäftsbedingungen, §§ 305 ff.

Fall 28: Allgemeine Geschäftsbedingungen

F hatte ein Fitnessstudio neu eröffnet und dies entsprechend in der Zeitung mit einer kostenlosen Probestunde für Interessenten beworben. Gleich am ersten Tag war die A als erste Interessentin erschienen und nach Absolvieren der Probestunde mit dem Personalcoach F war die A von den Leistungen des Fitnessstudios überzeugt. F erläuterte ihr die einzelnen Bestimmungen aus dem Fitnessvertrag. Anschließend füllte F das Formular handschriftlich mit den Daten der A aus. Unter der Rubrik „Laufzeit des Vertrags" konnte durch Ankreuzen eine Laufzeit von einem oder drei Jahren gewählt werden. Angesichts des günstigeren Preises für die Laufzeit von drei Jahren entschied sich A für drei Jahre, was daraufhin F entsprechend ankreuzte. Ferner enthielt der Vertrag folgenden Passus: „Die Benutzung der Geräte und Einrichtungen des Fitnessstudios erfolgt auf eigene Gefahr. Das Fitnessstudio schließt daher jegliche Haftung bis auf grobe Fahrlässigkeit und Vorsatz aus. Die Beweislast für das Vorliegen von Vorsatz oder grober Fahrlässigkeit liegt bei dem Kunden."

Anschließend unterzeichnete A den Vertrag. Als sie wenige Tage später das Fitnessstudio besuchte, benutzte sie eine Laufmaschine für Ausdauertraining. Ihr Coach F stellte jedoch das Laufband zu schnell ein, sodass A stürzte. Dadurch erlitt sie eine Platzwunde und ihre Brille wurde beschädigt. F verweist auf den Vertrag, wonach er erst ab grober Fahrlässigkeit hafte, welche hier nicht vorliege.

Kann A von F Schadensersatz und Schmerzensgeld verlangen?

Abwandlung: A möchte sich aus dem Vertragsverhältnis lösen und fragt, ob dies vor Ablauf der vereinbarten Dreijahresfrist möglich ist.

Klausurtipp:
Schadensersatz und Schmerzensgeldansprüche können wie vorstehend zusammen im Obersatz angesprochen und anschließend in der Rechtsfolge ausgegliedert erörtert werden. Möglich ist auch, Schadensersatz und Schmerzensgeld getrennt zu erörtern.

Anspruch A gegen F auf Schadensersatz und Schmerzensgeld

A. A könnte gegen F einen Anspruch auf **Schmerzensgeld** aus **§ 280 Abs. 1 i.V.m. § 249 Abs. 2 sowie i.V.m. § 253 Abs. 2** haben.

I. Erforderlich ist zunächst ein **Schuldverhältnis** zwischen F und A.

Zwischen F und A wurde ein Fitnessvertrag geschlossen. Hierbei handelt es sich um einen typengemischten Vertrag, bestehend aus den Elementen der Miete (Überlassung der Geräte) sowie des Dienstvertrags aufgrund persönlichen Trainings mit dem jeweiligen Coach. Anhaltspunkte für eine Unwirksamkeit des Vertrags bestehen nicht, sodass gemäß § 311 Abs. 1 ein Schuldverhältnis vorliegt.

II. Es muss eine **Pflichtverletzung** i.S.v. § 241 Abs. 2 vorliegen.

F hatte das Laufband zu schnell eingestellt, sodass er die allgemeinen Schutz- und Sorgfaltspflichten i.S.v. §§ 242, 241 Abs. 2 nicht eingehalten hat.

III. Der **F müsste dies** zu **vertreten** haben.

1. Grundsätzlich wird bis zu seiner Exkulpation **gemäß § 280 Abs. 1 S. 2 vermutet**, dass F die Pflichtverletzung zu vertreten hat.

2. Etwas anderes könnte hier aufgrund der Klausel im Fitnessvertrag gelten, wonach der Kunde die Beweislast für Verschulden trägt (**Beweislastumkehr**). Fraglich ist jedoch, ob diese Klausel der AGB-Kontrolle standhält.

Klausurtipp:
Die Überprüfung der AGB-Klauseln gemäß §§ 305 ff. sollte grundsätzlich **nicht bei „Wirksamkeit des Vertrags"** erfolgen, da selbst bei Verstoß gegen §§ 305 ff. grundsätzlich nicht der gesamte Vertrag unwirksam ist, sondern lediglich die einzelne AGB-Klausel herausfällt, § 306 Abs. 1. Nur in „krassen" Fällen kann über § 306 Abs. 3 ausnahmsweise der gesamte Vertrag entfallen. Daher erfolgt die **AGB-Prüfung grundsätzlich erst an der jeweils durch die AGB betroffenen Stelle**, hier also beim Prüfungspunkt „Vertretenmüssen".

a) Die AGB-Vorschriften **der §§ 305 ff.** müssten anwendbar sein.

aa) Es darf **kein Ausschluss gemäß § 310 Abs. 4** bestehen.

Da keine in § 310 Abs. 4 genannte Vertragsart vorliegt, ist die Anwendbarkeit der §§ 305 ff. nicht ausgeschlossen.

bb) Es müssen **AGB i.S.v. § 305 Abs. 1** vorliegen.

(1) Gemäß § 305 Abs. 1 setzen allgemeine Geschäftbedingungen voraus, dass es sich um Vertragsbedingungen handelt, die für eine Vielzahl von Fällen **vorformuliert und einseitig gestellt** sind. Da F ein Formular benutzt hat, waren die Vertragsinhalte vorformuliert sowie einseitig gestellt. Fraglich ist jedoch, ob dem entgegensteht, dass hier das Formular durch handschriftliches Ausfüllen vervollständigt wurde. Sofern Vertragsinhalte ausgehandelt wurden, liegt kein einseitiges Stellen von Vertragsbedingungen vor. Allerdings ist das Aushandeln im Sinne eines Verhandelns zu verstehen, sodass ein bloßes Ausfüllen ausfüllungsbedürftiger Leerräume nicht unter „Aushandeln" fällt. Damit ist das bloße Einfügen von Name, Adresse sowie Bezeichnung des Vertragsobjekts kein Aushandeln.[83] Somit steht hier das bloße Eintragen der Personalien der A der Annahme Allgemeiner Geschäftsbedingungen nicht entgegen.

Das Merkmal „einseitig gestellt" könnte aber dadurch entfallen, dass F der A zuvor die Vertragsbedingungen erläutert hat. Jedoch führt das bloße Erläutern vorgefertigter Bedingungen nicht zu einem Aushandeln, da A nach wie vor keinen gestalterischen Einfluss auf den Vertragsinhalt hatte. Demnach ist die bloße Erläuterung oder Belehrung des anderen Teils über Bedeutung und Tragweite von vorformulierten Klauseln unbeachtlich.[84]

Andererseits konnte A hier zwischen zwei Laufzeiten des Vertrags wählen. Sind aber lediglich zwei Varianten im Formular vorgegeben und besteht nur ein Wahlrecht zwischen diesen beiden, so handelt es sich nicht um ein Aushandeln, da lediglich zwei Regelungsalternativen vorgegeben werden. Gleiches gilt, wenn der Formulartext die Möglichkeit von Streichungen verschiedener Varianten enthält.[85] Da hier A insofern keinen echten Einfluss auf die Vertragsdauer hatte, liegen – unabhängig von der Wirksamkeit der Laufzeitvereinbarung – vorformulierte Bedingungen vor.

---

83 BGHZ 99, 205; 118, 238; Palandt/Grüneberg § 305 Rn. 12.

84 BGH NJW 1984, 171; NJW 1992, 2759; Palandt/Grüneberg § 305 Rn. 19, 20.

85 BGH NJW 1987, 2011; BGH NJW 2010, 1131; Palandt/Grüneberg § 305 Rn. 10.

Klausurtipp:
Ob die Laufzeitvereinbarung wirksam ist, ist an dieser Stelle nicht relevant, sondern erst bei der Abwandlung.

(2) Ferner müsste das Vertragsformular für eine **Vielzahl von Fällen i.S.v. § 305 Abs. 1** bestimmt sein. Da das Tatbestandsmerkmal subjektiv formuliert ist, ist insofern unerheblich, dass A objektiv die erste Kundin war. Liegt daher subjektiv Verwendungswille für eine Vielzahl von Fällen vor, so gelten die §§ 305 ff. bereits für den ersten Verwendungsfall.[86] Zwar ist umstritten, ob wenigstens die zwei- oder dreimalige Verwendung gewollt sein muss;[87] da jedoch bei einem Fitnessstudio ein mehrfacher Verwendungswille vorliegt, kann dieser Streit dahinstehen, zumal gemäß § 310 Abs. 3 Nr. 2 die wesentlichen Vorschriften des AGB-Rechts auch dann Anwendung finden, wenn ein Unternehmer gegenüber einem privaten Verbraucher Bedingungen nur einmal verwendet.

cc) Ferner muss der **persönliche und sachliche Anwendungsbereich gemäß § 310** vorliegen.

(1) Da hier die AGB gegenüber A als Verbraucherin verwendet werden, gelten **nicht die Einschränkungen des persönlichen Anwendungsbereichs aus § 310 Abs. 1**.

(2) Es muss auch der **sachliche Anwendungsbereich** eröffnet sein.

(a) Der Fitnessvertrag fällt **nicht unter** die Versorgungsverträge i.S.v. **§ 310 Abs. 2**, sodass dessen Einschränkungen nicht gelten.

(b) Der Fitnessvertrag gehört **nicht zu den in § 310 Abs. 4** aufgezählten Vertragsarten, sodass das AGB-Recht anwendbar ist.

b) Indem hier das Vertragsformular direkt genutzt wurde, ist eine **Einbeziehung** der Allgemeinen Geschäftsbedingung **gemäß § 305 Abs. 2** erfolgt.

c) Auch wenn die Voraussetzungen des § 305 Abs. 2 vorliegen, werden gemäß **§ 305 c Abs. 1** überraschende Klauseln nicht Vertragsbestandteil. Der hier im Formular vorformulierte Haftungsausschluss weist aber weder nach seinem inhaltlichen Regelungsgehalt noch nach seinem äußeren Erscheinungsbild ein Überraschungsmoment auf, sodass § 305 c Abs. 1 nicht vorliegt.

Somit ist der Haftungsausschluss Vertragsinhalt geworden.

Inhaltskontrolle im Rückwärtsgang:
1. § 309
2. § 308
3. § 307

d) Fraglich ist, ob die **Inhaltskontrolle** zu einem Verstoß gegen **§ 309 Nr. 12** führt.

Gemäß § 309 Nr. 12 ist eine Bestimmung, durch die der Verwender die Beweislast zum Nachteil des anderen Vertragsteils ändert, insbesondere indem er diesem die Beweislast für Umstände auferlegt, die im Verantwortungsbereich des Verwenders liegen, unwirksam. Somit verbietet die Vorschrift jegliche Änderung der Beweislast zum Nachteil des Kunden, gleichgültig ob es sich um die Abweichung von einer gesetzlichen oder einer richterlichen Beweislastregel handelt.[88] Da hier von der gesetzlichen Verschuldensvermutung des § 280 Abs. 1 S. 2 zum Nachteil des Kunden abge-

86 Palandt/Grüneberg § 305 Rn. 9.
87 Palandt/Grüneberg § 305 Rn. 9.
88 Palandt/Grüneberg § 309 Rn. 107.

wichen wird, ist daher die betreffende Klausel in dem Fitnessvertrag unwirksam. Somit verbleibt es bei dem vermuteten Verschulden bis F sich gemäß § 280 Abs. 1 S. 2 exkulpiert.

3. Der – beweispflichtige – F könnte sich aber **exkulpiert** haben.

a) F beruft sich auf eine **Haftungsbeschränkung in** den **AGB**.

Hier macht F im Rahmen seiner Exkulpation geltend, dass ihn weder Vorsatz noch grobe Fahrlässigkeit treffe, weswegen er aufgrund seiner Vertragsklausel nicht hafte. Die Beschränkung im Formularvertrag auf Vorsatz und grobe Fahrlässigkeit könnte aber unwirksam sein.

b) Es könnte insofern ein **Verstoß gegen § 309 Nr. 7** vorliegen.

aa) Wie sich aus der Gegenüberstellung in § 309 Nr. 7 a) und b) ergibt, differenziert der Gesetzgeber je nach verletztem Rechtsgut. Aus **§ 309 Nr. 7 a)** folgt, dass für die „höchsten Rechtsgüter" **Leben, Körper, Gesundheit** ein Ausschluss der Haftung generell nicht möglich ist. Die Klausel ist daher unwirksam. Gemäß § 306 Abs. 2 gelten die gesetzlichen Vorschriften. Bei der hier gegebenen Gesundheitsverletzung haftet somit F nach dem allgemeinen Maßstab des § 276 ab leichtester Fahrlässigkeit. Hierfür hat sich F bislang nicht exkulpiert, sodass die Voraussetzungen des § 280 Abs. 1 vorliegen.

Ausschluss von Schadensersatzansprüchen:
- Falls **durch AGB**, ist dies an § 309 Nr. 7 zu messen;
- falls **individualvertraglich**, an § 276 Abs. 3 (welcher nicht nach Art der Schäden differenziert).

Demnach haftet F für die Gesundheitsverletzung der A auf Schadensersatz, § 249 Abs. 2, und Schmerzensgeld, § 253 Abs. 2.

bb) Fraglich ist, ob dies auch für die zerstörte Brille gilt. Gemäß **§ 309 Nr. 7 b)** kann für **Sachschäden** die Haftung in den Allgemeinen Geschäftsbedingungen auf Vorsatz und grobe Fahrlässigkeit begrenzt werden. Isoliert an der Ziffer b) gemessen wäre die Klausel im Formularvertrag somit wirksam. Jedoch ist zu berücksichtigen, dass in dem Formular die Differenzierung des § 309 Nr. 7 a) (Gesundheitsschäden) und b) (Sachschäden, Vermögensschäden) nicht aufgenommen wurde. Fraglich ist daher, ob die verwendete Formularklausel dahingehend reduziert werden kann, dass sie noch hinsichtlich des Haftungsausschlusses für Sachschäden aufrechterhalten wird. Eine derartige geltungserhaltende Reduktion würde jedoch dazu führen, dass es völlig risikolos wäre, unzulässige Klauseln zu verwenden, wenn dann stets wieder auf das zulässige Maß reduziert würde. Demnach wird aus Sanktionsgründen eine geltungserhaltende Reduktion im AGB-Recht abgelehnt. Der Verstoß gegen die Differenzierung in § 309 Nr. 7 a)–b) führt daher zur Unwirksamkeit der gesamten Freizeichnungsklausel.[89]

Folge: Auch bezüglich der Brille haftet F somit gemäß § 276 Abs. 1 ab leichtester Fahrlässigkeit. Da F sich für leichte Fahrlässigkeit nicht gemäß § 280 Abs. 1 S. 2 exkulpiert hat, hat er bezüglich der Brille Schadensersatz gemäß § 249 Abs. 2 zu leisten.

89 Palandt/Grüneberg § 309 Rn. 54.

B. A könnte gegen F ein Anspruch auf **Schadensersatz** und **Schmerzensgeld** aus **§ 823 Abs. 1 i.V.m. §§ 249 Abs. 2, 253 Abs. 2** zustehen.

I. Die **Voraussetzungen** des § 823 Abs. 1 liegen vor:

Die Rechtsgüter Gesundheit und Eigentum an der Brille wurde aufseiten der A durch ein Verhalten des F verletzt. Da das Verhalten des F auch rechtswidrig und schuldhaft war, liegen die Voraussetzungen des § 823 Abs. 1 vor.

II. Es darf **kein wirksamer Haftungsausschluss** vorliegen.

Da die Vorschrift des § 309 Nr. 7 auch für deliktische Ansprüche gilt[90] und die Freizeichnungsklausel, wie vorstehend erörtert, unwirksam ist, verbleibt es bei der Haftung ab leichter Fahrlässigkeit.

III. Rechtsfolge: Somit hat A einen Anspruch gegen F aus § 823 Abs. 1 auf Schadensersatz, § 249 Abs. 2, und Schmerzensgeld, § 253 Abs. 2.

Klausurtipp:
Es wäre anfängerhaft, hinsichtlich der Brille Sachbeschädigung, § 303 StGB, als Schutzgesetz zu prüfen, denn offensichtlich liegt kein Vorsatz des F vor und eine fahrlässige Sachbeschädigung ist nicht strafbar.

C. Es könnte ein Anspruch der A gegen F auf **Schadensersatz** und **Schmerzensgeld** aus **§ 823 Abs. 2 i.V.m. § 229 StGB i.V.m. §§ 249 Abs. 2, 253 Abs. 2** bestehen.

Aufgrund der fahrlässigen Körperverletzung hat F § 229 StGB als Schutzgesetz i.S.v. § 823 Abs. 2 verwirklicht. Wie vorstehend erörtert, ist die Freizeichnungsklausel in dem Vertrag unwirksam, sodass auch eine Haftung aus § 823 Abs. 2 i.V.m. § 229 StGB gegeben ist.

Lösung der Abwandlung: Wirksamkeit der Laufzeitenklausel?

I. In Betracht kommt ein **Verstoß gegen § 309 Nr. 9 a)**. Hiernach ist eine Vertragsklausel bei einem Vertrag über die Erbringung von Dienst- oder Werkleistungen, welche eine Laufzeit von mehr als zwei Jahren vorsieht, unwirksam.

1. Erforderlich ist ein **Vertragsverhältnis über die regelmäßige Erbringung von Dienstleistungen.**

§ 309 Nr. 9 ist auf typische Dauerschuldverhältnisse über die regelmäßige Erbringung von Dienst- oder Werkleistungen anwendbar. Da bei einem Sportstudio- oder Fitnessvertrag nicht nur die Geräte gemietet werden, sondern im Vordergrund die Beratung und persönliche Betreuung durch Trainer steht, ist die vorstehende Vorschrift anwendbar.[91]

2. § 309 Nr. 9 verbietet grundsätzlich eine **längere Laufzeit als zwei Jahre.**

Vorliegend wurde im Formularvertrag eine Laufzeit von drei Jahren zugrunde gelegt. Fraglich ist, ob einem Verstoß entgegensteht, dass der Formularvertrag ein Wahlrecht zwischen einer Laufzeit von einem oder drei Jahren vorsah. Entscheidend ist jedoch, dass durch bloßes Ankreuzen kein Aushandeln des Vertrags vorliegt und der Charakter einer vorgegebenen Bedingung erhalten bleibt. Demnach ist auch der Umstand, dass der Kunde durch entsprechendes Ankreuzen eine kürzere Laufzeit als zwei Jahre hätte wählen können, unbeachtlich.[92] Somit verstößt die Klausel gegen § 309 Nr. 9.

90 Palandt/Grüneberg § 309 Rn. 40.
91 BGH NJW 1997, 739; Palandt/Grüneberg § 309 Rn. 88.
92 Palandt/Grüneberg § 309 Rn. 91.

3. Die gegen § 309 Nr. 9 a) verstoßende Klausel ist im Ganzen unwirksam. An die Stelle der zu langen Zeit tritt nicht etwa die gemäß Nr. 9 a) zulässige Höchstfrist von zwei Jahren.[93] Anderenfalls liefe dies auf eine **geltungserhaltende Reduktion** hinaus, welche im AGB-Recht grundsätzlich **nicht stattfindet** (s.o.).

II. Gemäß § 306 Abs. 2 ist die im Vertrag entstandene **Lücke durch Anwendung des dispositiven Rechts zu schließen**. Da der Fitnessvertrag dienstvertraglichen Charakter hat, kann A diesen somit nach den Vorschriften der §§ 620 Abs. 2, 621 kündigen. Eine außerordentliche Kündigung aus wichtigem Grund ist gemäß § 626 möglich.

Klausurtipp:
Auch bei wirksamer Laufzeitklausel i.S.v. § 309 Nr. 9 ist eine außerordentliche Kündigung aus wichtigem Grund gemäß § 626 zulässig. Ein solches Kündigungsrecht kann nicht ausgeschlossen werden, da es unzumutbar wäre, bei wichtigem Grund am Vertrag nach wie vor festzuhalten.

93 BGHZ 84, 15; BGH NJW 2000, 1110.

Fall 29: Gewährleistungsausschluss durch AGB

A wollte von B dessen Hausgrundstück kaufen. Der B hatte den Notar N beauftragt, einen entsprechenden Kaufvertrag zu entwerfen. Nachdem B dem Sekretariat des N die erforderlichen Angaben telefonisch durchgegeben hatte (Anschriften der Vertragsparteien, Kaufpreis, Grundstücksbezeichnung), schickte der Notar N dem A den Entwurf zu. Der Entwurf enthielt Standardformulierungen, die der Notar regelmäßig benutzte und entsprechend im PC abgespeichert hatte. A las sich das Formular durch und hatte keine Bedenken. Alsdann wurde ein Beurkundungstermin bei N vereinbart und im Urkundstermin der Vertrag geschlossen und beurkundet. Einige Zeit nach dem Einzug merkt A, dass sich hinter der Holzverkleidung im Dachgeschoss erheblicher Schimmelpilzbefall befindet, welcher gesundheitsschädliche Auswirkungen hat und von Anfang an vorhanden war. A möchte daher gegenüber B Gewährleistungsrechte geltend machen. B weist sämtliche Gewährleistungsansprüche zurück und beruft sich hierbei auf folgenden Passus im notariellen Kaufvertrag:

„Die Übertragung der Immobilie erfolgt unter Ausschluss jeglicher Gewährleistung. Auch eine Haftung für sonstige Schäden ist bis auf grobe Fahrlässigkeit und Vorsatz ausgeschlossen. Unberührt bleibt allerdings die Haftung auf Schadensersatz für die schuldhafte Verletzung von Leben, Körper, Gesundheit."

Hat A gegen B Gewährleistungsrechte?

Klausurtipp:
- **Grundsätzlich** keine AGB-Prüfung unter „Wirksamkeit des Vertrags", da gemäß § 306 Abs. 1, Abs. 2 die Wirksamkeit unberührt bleibt (Ausn.: § 306 Abs. 3).
- **Daher** AGB-Prüfung erst an der jeweils betroffenen Stelle, z.B. „Gewährleistungsausschluss".

Klausurtipp:
Aufbautechnisch sollten die spezielleren Gründe aus dem Kaufrecht vor der AGB-Prüfung gemäß §§ 305 ff. gebracht werden, da sie schneller zum Ziel führen. Da hier erkennbar beide Ansätze nicht vorliegen, sollten diese Vorschriften kurz abgehandelt werden.

Es könnten sich für den A Gewährleistungsansprüche gegenüber B aus § 437, insbesondere auf **Nacherfüllung** nach **§ 437 Nr. 1 i.V.m. § 439**, ergeben.

I. A und B haben einen **Kaufvertrag i.S.v. § 433** über das Hausgrundstück geschlossen. Der Kaufvertrag wurde auch ordnungsgemäß nach § 311 b Abs. 1 S. 1 beurkundet und ist damit wirksam.

II. Erforderlich ist weiterhin ein **Sachmangel zum Zeitpunkt des Gefahrübergangs, § 434 Abs. 1.**

Da das Haus im Dachgeschossbereich bereits im Zeitpunkt des Gefahrübergangs (§ 446) mit Schimmelpilz befallen war, liegt ein Sachmangel i.S.v. § 434 Abs. 1 S. 2 Nr. 2 vor.

III. Jedoch könnte die **Gewährleistung wirksam ausgeschlossen** worden sein.

1. Der Gewährleistungsausschluss ist, unerheblich ob er durch allgemeine Geschäftsbedingungen oder durch Individualabrede getroffen wird, **gemäß § 444 unwirksam, wenn** dem Verkäufer **Arglist** vorzuwerfen ist **oder** er eine **Garantie** für die Beschaffenheit der Sache übernommen hat. Beides ist hier nicht ersichtlich, sodass eine Unwirksamkeit gemäß § 444 ausscheidet.

2. Eine **Unwirksamkeit des Gewährleistungsausschlusses gemäß § 475 Abs. 1 S. 1** setzt einen Verbrauchsgüterkauf i.S.v. § 474 voraus. Hier ist bereits nicht ersichtlich, dass B als Unternehmer die Immobilie veräußert hat. Im Übrigen gilt nach dem eindeutigen Wortlaut des § 474 Abs. 1 S. 1 der Verbrauchsgüterkauf nur für bewegliche Sachen. Mithin scheidet eine Unwirksamkeit nach § 475 aus.

3. Der Gewährleistungsausschluss könnte jedoch wegen Verstoß gegen AGB-Recht **unwirksam** sein.

a) Allgemeine Geschäftsbedingungen i.S.v. § 305 Abs. 1 liegen vor, wenn es sich um vorformulierte Vertragsbedingungen handelt, die für eine Vielzahl von Fällen gelten sollen, und die vom Verwender einseitig gestellt werden.

Hier erscheint das Merkmal „Vielzahl" problematisch, da B offensichtlich kein Händler ist, sondern mit diesem Vertrag nur dieses Grundstück veräußern wollte. Jedoch ist vom Schutzzweck der §§ 305 ff. auszugehen: Die AGB-Vorschriften wollen den „Wissensvorsprung" und die „Überrumpelungsgefahr" erfassen, die dadurch entsteht, dass jemand im Vorfeld des Vertrags in Ruhe vorformuliert hat und diese Bedingungen dann einseitig dem anderen stellt. Demnach ist bei der Benutzung von Formularen auf den Hersteller des Formulars abzustellen. Dies gilt nicht nur bei der Verwendung von (im Buchhandel) gekauften Formularen, sondern auch bei der Verwendung notarieller Verträge. Stellt man demgemäß auf den Notar N ab, so hat dieser sein häufig verwendetes Standardformular für eine Vielzahl von Fällen entworfen. Verträge, die von Rechtsanwälten oder Notaren entworfen wurden, fallen daher unter das AGB-Recht, sofern sie einseitig gestellt, d.h. nicht ausgehandelt werden.[94]

Vorliegend erfolgte käuferseits keinerlei Aushandeln, sodass hier der notarielle Vertrag als einseitig gestellt anzusehen ist. Somit liegen allgemeine Geschäftsbedingungen i.S.v. § 305 Abs. 1 vor.

b) Der (volle) **Anwendungsbereich der AGB-Kontrolle** müsste eröffnet sein, **§ 310.**

Da hier weder die Ausnahmetatbestände des § 310 Abs. 2 noch die des § 310 Abs. 4 vorliegen, ist die AGB-Kontrolle uneingeschränkt möglich.

c) Das Klauselwerk müsste **in den Vertrag gemäß § 305 Abs. 2** einbezogen worden sein.

Da dieser notarielle Vertrag im Beurkundungstermin verlesen und unterschrieben wurde, sind die Klauseln unproblematisch Vertragsbestandteil geworden. Eine überraschende Klausel i.S.v. § 305 c Abs. 1 ist nicht ersichtlich.

Inhaltskontrolle bei AGB:
Prüfung im „Rückwärtsgang":
1. § 309 ⇨ führt zwingend zur Unwirksamkeit der Klausel.
2. § 308 ⇨ führt nur grundsätzlich zur Unwirksamkeit.
3. § 307 ⇨ bloßer Generaltatbestand.

d) Fraglich ist, ob der Gewährleistungsausschluss der **Inhaltskontrolle** standhält.

aa) Die Vorschrift des **§ 309 Nr. 8 b)** gilt schon vom Wortlaut **nur bei** Verträgen über die Lieferung **neu hergestellter Sachen** und ist damit für den hier vorliegenden Erwerb einer gebrauchten Immobilie nicht einschlägig.

---

94 BGHZ 118, 239; Palandt/Grüneberg § 305 Rn. 12.

bb) In Betracht kommt ein **Verstoß gegen § 309 Nr. 7.**

Nach h.M. ist bei Gewährleistungsausschlüssen die Vorschrift des § 309 Nr. 7, welche nicht auf neue Sachen beschränkt ist, neben § 309 Nr. 8 b) anwendbar. Da hier der Notar jedoch die Differenzierung des § 309 Nr. 7 a) zu Ziffer b) eingehalten hat und dadurch die Haftung wegen Verletzung von Leben, Körper, Gesundheit (welche beim Immobilienkauf z.B. als Folgeschäden von Schimmelpilz eintreten können), aufrechterhalten hat, liegt ohnehin kein Verstoß gegen diese Vorschrift vor.

cc) Ein **Verstoß gegen § 308** liegt nicht vor:

Die Ziffern 1 bis 8 aus § 308 sind vorliegend nicht einschlägig.

dd) Gegeben sein könnte ein **Verstoß gegen § 307.**

Gemäß § 307 Abs. 1 sind Bestimmungen in Allgemeinen Geschäftsbedingungen unwirksam, wenn sie den Vertragspartner entgegen den Geboten von Treu und Glauben unangemessen benachteiligen. Dies ist gemäß § 307 Abs. 2 im Zweifel anzunehmen, wenn eine Bestimmung mit wesentlichen Grundgedanken der gesetzlichen Regelung, von der abgewichen wird, nicht zu vereinbaren ist, oder wesentliche Rechte oder Pflichten, die sich aus der Natur des Vertrags ergeben, abbedungen werden und hierdurch der Vertragszweck gefährdet wird.

Klausurtipp:
Da es sich bei § 307 um einen Generaltatbestand handelt, sollte hierzu umfassend abwägend und wertend ausgeführt werden.

Der vorliegende Gewährleistungsausschluss enthält eine Benachteiligung des Käufers. Fraglich ist jedoch, ob diese Benachteiligung unter Berücksichtigung von Treu und Glauben sowie den wesentlichen Grundgedanken des Kaufrechts und der Natur des Vertrags unangemessen ist.

(1) Fraglich ist, ob ein **Umkehrschluss aus § 309 Nr. 8 b)** gezogen werden kann:

Zieht man aus § 309 Nr. 8 b), der nur für neue Sachen einen Gewährleistungsausschluss problematisiert, den Umkehrschluss, dass bei Veräußerung gebrauchter Immobilien ein Gewährleistungsausschluss unproblematisch sei, so wäre von vornherein eine unangemessene Benachteiligung auszuschließen. Dies wäre jedoch ein Zirkelschluss, weil dann der § 307 als Generalklausel, welcher ohnehin voraussetzt, dass die spezielleren §§ 309, 308 nicht vorliegen, außerhalb des § 310 Abs. 1 nie zur Anwendung käme. Demnach ist im Rahmen des § 307 eine selbstständige Wertung anzustellen, wobei Schlüsse und Umkehrschlüsse aus §§ 308, 309 lediglich Indizwirkung haben können. Letztlich entscheidend ist jedoch die umfassende Abwägung der widerstreitenden Interessen im Einzelfall.[95]

(2) Es sind daher die **widerstreitenden Interessen abzuwägen:**

Hier ist zu berücksichtigen, dass ein Verkäufer, der eine gebrauchte Immobilie veräußert, ohne Haftungsausschluss dem Risiko ausgesetzt ist, dass irgendein Bestandteil der Immobilie mangelhaft ist. Je nach Zustand und Alter des Gebäudes enthält dies für den Verkäufer ein unkalkulierbares Risiko. Deswegen erscheint es nicht unbillig, wenn er die Gewährleistung ausschließt. Hinzu kommt, dass der Käufer, der eine gebrauchte Immobilie er-

95 Palandt/Grüneberg § 307 Rn. 1, 2.

werben will, deren Zustand vorher überprüfen lassen kann. Sofern dem Käufer selbst die Sachkunde fehlt, kann er sachkundige Hilfe hinzunehmen. Hier besteht die kostengünstige Möglichkeit eines „Hauschecks" durch entsprechende Dienstleister bis hin zum Kurzgutachten durch einen Sachverständigen. Ein entsprechender Kostenaufwand scheint dem Käufer angesichts seiner hohen Investition und des damit verbundenen Risikos durchaus zumutbar.

Auch aus § 475, der den Verbrauchsgüterkauf gemäß § 474 Abs. 1 nur auf bewegliche Sachen begrenzt, ergibt sich nichts anderes.

Fraglich ist, ob sich ein anderes daraus ergibt, dass hier der Schimmelpilzbefall unsichtbar hinter einer Wandverkleidung war und u.U. auch gesundheitsschädlich für den Käufer ist. Zu berücksichtigen ist aber, dass der Verkäufer gerade ein Interesse daran hat, die unsichtbaren Mängel, die er eben selbst nicht erkennen kann, auszuschließen. Auch und gerade wegen der Möglichkeit von Gesundheitsschäden, die sich je nach Konstitution des Käufers gerade bei Schimmelpilzbefall sehr unterschiedlich äußern, bleibt wegen § 309 Nr. 7 a) eine Haftung des Verkäufers für Gesundheitsschäden bestehen (s.o.), sodass insofern ein Käufer auch nicht schutzlos wäre. Demnach ist der Haftungsausschluss für sonstige Schäden bei Veräußerung gebrauchter Immobilien nicht unzumutbar i.S.v. § 307.[96]

Daher verstößt der Gewährleistungsausschluss nicht gegen § 307.

Ergebnis: A hat daher gegen B keine Gewährleistungsrechte.

96 Palandt/Grüneberg § 309 Rn. 62, 85.

Fall 30: AGB-Klauselkontrolle

A hat mit dem Vermieter V, der Eigentümer eines großen Mietshauses ist, einen Mietvertrag über eine Wohnung im Erdgeschoss geschlossen. Dieser Formularmietvertrag enthält folgende Klauseln:

I. Die Schönheitsreparaturen trägt der Mieter. Dieser muss alle drei Jahre Schönheitsreparaturen durchführen sowie bei seinem Auszug.

II. Der Mieter ist verpflichtet, Kleinreparaturen durchzuführen. Bei größeren Reparaturen wird der Vermieter die Reparatur veranlassen, jedoch wird der Mieter jeweils mit 150 € beteiligt.

III. Jegliche Tierhaltung ist verboten.

Nachdem A den Mietvertrag unterschrieben hat, bekommt er Bedenken und bittet um Auskunft über die Wirksamkeit der im Vertrag enthaltenen Klauseln.

Die **Klauseln** könnten wegen **Verstoßes gegen AGB-Recht** unwirksam sein.

A. Es müsste sich zunächst um **Allgemeine Geschäftsbedingungen i.S.v. § 305** handeln.

I. Bei dem gekauften Formular

Da hier ein Mietvertragsformular benutzt wurde, handelt es sich um einseitig gestellte, nicht ausgehandelte Vertragbedingungen. Fraglich ist, ob das Merkmal „für eine Vielzahl von Fällen" erfüllt ist. Sollte V ein gekauftes Vertragsformular verwendet haben, so wäre auf den Hersteller abzustellen und damit das Merkmal „für eine Vielzahl von Fällen" gegeben.[97]

II. Bei einem selbst entworfenen Formular

Sollte V für seine zahlreichen Wohnungen einen Vertrag selbst entworfen haben, wäre das Merkmal „für eine Vielzahl von Fällen" ebenfalls gegeben. Somit liegen Allgemeine Geschäftsbedingungen vor. Im Übrigen gilt auch § 310 Abs. 3 Nr. 2.

B. Es besteht **keine Einschränkung im Anwendungsbereich gemäß § 310:**

Die Fallgruppen des § 310 Abs. 1, 2 sind hier nicht einschlägig.

C. Fraglich ist, ob die Klauseln der **Inhaltskontrolle** standhalten.

I. Die **Schönheitsreparaturklausel** könnte gemäß § 306 Abs. 1 unwirksam sein.

Klausurtipp:
§ 309 Nr. 8 b) ist nicht einschlägig bei:
- Gebrauchtsachen
- oder, falls keine „Lieferung", sondern nur eine Gebrauchsüberlassung vorliegt, wie bei Miete oder Leasing.

1. In Betracht kommt ein **Verstoß gegen § 309 Nr. 8 b).**

Die Vorschrift des § 309 Nr. 8 b) erfasst lediglich neue Sachen und auch nur Verträge über „Lieferung". Lieferung bedeutet nach allgemeinem Sprachgebrauch eine endgültige Überlassung. Die Miete hingegen stellt lediglich eine vorübergehende Gebrauchsüberlassung dar. Mithin fallen Mietverträge, auch über Neubauwohnungen, nicht unter die Vorschrift des § 309 Nr. 8 b).

2. Gegeben sein könnte aber ein **Verstoß gegen § 307.**

Da Spezialregelungen für Mietverträge weder in § 309 noch in § 308 enthalten sind, ist die Klausel an dem Generaltatbestand des § 307 zu messen.

97 Palandt/Grüneberg § 305 Rn. 9.

Fraglich ist demnach, ob die Abwälzung der Schönheitsreparaturen auf den Mieter eine unzumutbare Benachteiligung des Mieters darstellt. Dies ist nach § 307 Abs. 2 insbesondere der Fall, wenn wesentliche Grundgedanken der gesetzlichen Vorschriften abbedungen werden.

a) Nach den Vorschriften des Mietrechts ist grundsätzlich der Vermieter für Schönheitsreparaturen verantwortlich, weil er gemäß **§ 535 Abs. 1 S. 2 Hs. 2** eine Pflicht zur dauerhaften Instandhaltung der Mietsache hat. Andererseits hat der Mieter selbst Einfluss auf den Abnutzungsgrad und Zustand der Mieteinrichtungen. Daher wird grundsätzlich die Abwälzung der Schönheitsreparaturen auf den Mieter nicht als unzumutbar benachteiligend anzusehen sein.[98]

b) Wird allerdings eine Schönheitsreparatur pauschal für den Fall des Auszugs vorgesehen, unabhängig vom Abnutzungsgrad, so erscheint dies unbillig, weil dann der konkrete Zustand keinerlei Berücksichtigung findet. Insbesondere ein Mieter, der die Mietwohnung ohnehin selten benutzt und damit wenig abgenutzt hat, würde damit überproportional belastet. Damit sind sog. starre Schönheitsreparaturklauseln, die pauschal bei Auszug oder nach Fristenplan gelten sollen, unzumutbar benachteiligend und damit gemäß **§ 306 Abs. 1** unwirksam.[99] Lediglich Schönheitsreparaturklauseln, die nach dem Grad der Abnutzung zur anteiligen Kostentragung entsprechend der abgewohnten Mietzeit Schönheitsreparaturen vorsehen, sind zulässig. Die Klausel ist daher hier nichtig.

II. Fraglich ist, ob auch die **Vornahme- und Kleinstreparaturklausel** gemäß **§ 307 Abs. 1** unwirksam ist.

1. Die vorliegende Kleinstreparaturklausel sieht grundsätzlich vor, dass der Mieter selbst die (Klein-)Reparaturen durchführt bzw. durchführen lässt. Fraglich ist, ob diese **Vornahmeklausel** eine Benachteiligung i.S.v. § 307 enthält. Hierbei ist zu berücksichtigen, dass der Vermieter der Eigentümer der zu reparierenden Sachen und somit für deren Substanz verantwortlich ist. Im Übrigen wäre es eine unzumutbare Benachteiligung für den Mieter, wenn er sich selbst um die Reparatur der für ihn fremden Sache kümmern müsste, zumal bei einer echten Reparatur andere Erwägungen anzustellen sind als bei einem bloßen Anstrich im Rahmen einer Schönheitsreparatur. Damit verstößt die sogenannte Vornahmeklausel gegen § 307[100] und ist daher unwirksam.

2. Fraglich ist, ob die Kostenbeteiligungsklausel bis zu 150 € (sog. Kleinstreparaturklausel) gegen § 307 verstößt. Die Begründung einer bloßen Zahlungspflicht erscheint anders als bei der Vornahmeklausel nicht von vornherein als unzumutbare Benachteiligung. Andererseits ist zu berücksichtigen, dass die vorliegende Klausel sich auf sämtliche Sachen in dem Mietshaus bezieht. Damit wären auch Sachen erfasst, die gar nicht im Einflussbereich des Mieters liegen. Damit müsste im Endeffekt der Mieter für Sachen einstehen, die weder in seinem Einfluss- noch in seinem Verantwortungsbereich stehen.

---

98 Palandt/Grüneberg § 307 Rn. 116.

99 BGH RÜ 2009, 481; BGH RÜ 2010, 219, 220; Palandt/Weidenkaff § 535 Rn. 43.

100 BGHZ 118, 194; Palandt/Grüneberg § 307 Rn. 116.

a) Eine Kleinstreparaturklausel ist daher **nur wirksam, wenn sie auf Teile beschränkt wird, die zu der vom Mieter angemieteten Einheit gehören und dem Zugriff des Mieters ausgesetzt sind.**[101]

b) Ferner muss für die Kostenbeteiligung des Mieters eine **Höchstgrenze festgelegt** sein, weil anderenfalls das Haftungsrisiko des Mieters nicht mehr überschaubar wäre. Vorliegend wurde zwar eine Beschränkung auf 150 € vorgenommen. Jedoch gilt vom Wortlaut der Klausel der Betrag von 150 € für jeden Reparaturfall. Angesichts der Tatsache, dass insbesondere bei einem Altbau häufig Reparaturen anfallen können, ist damit die Haftung für die Mieter nach wie vor nicht überschaubar.

Kleinstreparaturklauseln sind daher nur wirksam, wenn eine Jahreshöchstgrenze festgelegt ist und hierbei auch die Relation zur Miete nicht überschritten wird.[102] Da die vorliegende Kleinstreparaturklausel diesen Anforderungen nicht standhält, ist sie gemäß § 306 Abs. 1 i.V.m. § 307 unwirksam.

III. Die **Tierverbotsklausel** könnte ebenfalls wegen Verstoßes gegen **§ 307** unwirksam sein.

a) Bei der Gesamtabwägung ist zu berücksichtigen, dass ein **Vermieter sicherlich ein Interesse** daran hat, dass eine Tierhaltung möglichst untersagt ist, um andere Mieter nicht zu stören oder zu gefährden sowie aus hygienischen Gründen und ggf. auch aus Gründen der Verhinderung überproportionaler Abnutzung.

b) Andererseits ist zu berücksichtigen, dass ein **totales Tierhalteverbot** auch Tiere umfassen würde, die weder zu einer verstärkten Abnutzung noch zu einer Gefährdung oder Belästigung anderer führen würde. So ist nicht erkennbar, welches Interesse daran bestehen könnte, beispielsweise die Haltung eines Hamsters oder von Ziervögeln zu untersagen. Berücksichtigt man andererseits, dass viele Menschen eine hohe emotionale Bindung zu diesen Tieren haben, so erscheint ein derartiges Verbot als unzumutbare Benachteiligung i.S.v. § 307.[103]

2. Die vorliegende Klausel ließe sich noch halten, wenn man sie auf größere, gefährlichere Tiere begrenzen würde. Dies liefe jedoch wiederum auf eine geltungserhaltende Reduktion hinaus. Weil dann aber die Verwendung unzulässiger Klauseln risikolos wäre, ist eine solche **geltungserhaltende Reduktion** grundsätzlich **unzulässig**.

Somit verbleibt es bei der Gesamtnichtigkeit der Tierhalteklausel.

3. Eine andere Frage ist, ob aufgrund der Unwirksamkeit dieser Klausel nunmehr jegliche Tierhaltung zulässig ist. Nach h.M. ist die Haltung größerer Tiere ohne Zustimmung des Vermieters dennoch unzulässig. Obwohl das Mietrecht eine Tierhaltung nicht ausdrücklich verbietet, handelt es sich um einen vertraglich **immanenten Erlaubnisvorbehalt**. Umstritten ist hierbei, ob hinsichtlich der Zustimmung des Vermieters ein freies Ermessen besteht oder die Zustimmung unter Abwägungsgesichtspunkten vorzunehmen ist.[104]

---

101 Palandt/Grüneberg § 307 Rn. 116.

102 BGHZ 108, 7; BGH NJW 1991, 752; Palandt/Grüneberg § 307 Rn. 116.

103 BGH, Urt. v. 20.03.2013 – VIII ZR 168/12; Palandt/Grüneberg § 307 Rn. 116; im Einzelnen streitig.

104 Palandt/Weidenkaff § 535 Rn. 26.

9. Teil: Mehrheit von Gläubigern und Schuldnern, §§ 420 ff.

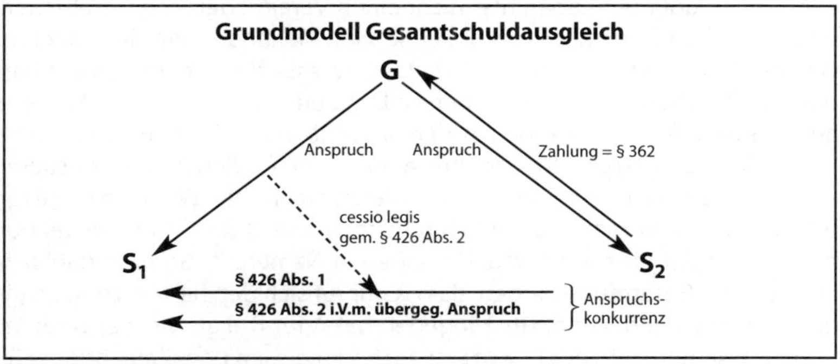

Fall 31: Teil- und Gesamtschuld

Die Studenten A bis J, die sich beim Hochschulsport kennengelernt haben, wollen im Herbst zusammen nach Fuerteventura zum Surfen fliegen. Nach Durchsicht sämtlicher Kataloge haben sie sich für den Reiseveranstalter R entschieden, der speziell Reisen für Studenten anbietet. Dieser verlangt für Flug, Unterkunft im Zweibettzimmer und Halbpension 998 € pro Person. Der A, welcher von den anderen hierzu beauftragt worden ist, bucht dementsprechend bei R für A bis J. Der Reiseveranstalter R schickt dem A die Buchungsbestätigung sowie die sonstigen Reiseunterlagen inkl. Sicherungsschein und fordert A auf, den Gesamtreisepreis von 9.980 € zu zahlen. A ist der Auffassung, er schulde nur 998 €. Zudem sei er als Student gar nicht in der Lage, die Gesamtsumme aufzubringen. A bittet besorgt um Darlegung der Rechtslage, zumal J mittlerweile mit der Gruppe völlig zerstritten und untergetaucht ist, sodass A nicht einsieht, für diesen einstehen zu müssen.

Wie ist die Rechtslage?

A. Dem R könnte gegen A ein Anspruch auf Zahlung des Gesamtreisepreises von 9.980 € aus **§ 651 a Abs. 1 S. 2** zustehen.

Der Anspruch ist entstanden, wenn A den Reisevertrag insgesamt im eigenen Namen zu dem Gesamtreisepreis abgeschlossen hat. Andererseits könnte A den Reisevertrag lediglich für sich selbst im eigenen Namen und zugleich als Stellvertreter, § 164 Abs. 1, für B bis J abgeschlossen haben. Dann wäre der Reisevertrag jeweils mit dem einzelnen Reisenden und lediglich über 998 € pro Reisendem abgeschlossen worden.

Fraglich ist, ob A (auch) in fremdem Namen aufgetreten ist.

I. Ein Handeln des A **ausdrücklich** in fremdem Namen für B–J bei der Buchung gegenüber R ist vorliegend nicht ersichtlich.

II. Jedoch kann sich ein Handeln in fremdem Namen auch **aus den Umständen** ergeben, **§ 164 Abs. 1 S. 2**. Hierbei sind sämtliche Umstände des Einzelfalls zu berücksichtigen, insbesondere die wirtschaftliche Interessenlage, wenn sie gegenüber dem Empfänger erkennbar ist. Hier ist zu berück-

Stellvertretung, § 164, erfordert:
1. Eigene Willenserklärung ⇨ Abgrenzung zum Boten, der nur übermittelt.
2. In fremdem Namen
= Offenkundigkeit
- ausdrücklich (z.B. „i.V.")
- konkludent, § 164 Abs. 1 S. 2
- Ausnahme von Offenkundigkeit:
  – Handeln für Betriebsinhaber
  – Geschäft für den, den es angeht (Bargeschäfte des täglichen Lebens) ⇨ anderenfalls Eigengeschäft, § 164 Abs. 2

3. Mit Vertretungsmacht
- rechtsgeschäftlich erteilte Vollmacht, § 167
- gesetzlich (z.B. § 1629)
- ggf. Genehmigung, § 177
- notfalls: Rechtsschein, z.B. §§ 172 ff., oder Anscheins-, Duldungsvollmacht ⇨ anderenfalls: Eigenhaftung, § 179

sichtigen, dass es sich lediglich um eine Gruppe von Studenten handelte, d.h. einerseits um eine Gruppe, die keine besonders enge Verbindung aufweist (die Studenten haben hier nicht einen Verein oder eine Gesellschaft gegründet), sodass im Zweifel jeder separat behandelt werden möchte. Gerade deswegen ist auch kein eigenes Interesse des A daran erkennbar, dass er allein Vertragspartei werden soll. Zudem wäre es für A als Student auch wirtschaftlich nicht möglich, den dann allein geschuldeten Reisepreis i.H.v. 9.980 € zu tragen. All diese Umstände waren für den Reiseveranstalter R, der speziell Reisen für Studenten anbietet, erkennbar. Wer eine Reise für eine Gruppe oder mehrere Personen bucht, handelt daher im Zweifel nur hinsichtlich der eigenen Person im eigenen Namen.[105] Somit ergab sich hier aus den Gesamtumständen, dass A nur für sich den Reisevertrag im eigenen Namen gebucht hatte. Hingegen hat A für B–J als Stellvertreter im fremden Namen gehandelt, wozu er auch von diesen bevollmächtigt worden war.

Klausurtipp:
Wenn hingegen ein Familienvater für seine Familie eine Reise bucht, so wird er allein Vertragspartei und haftet auf den Gesamtreisepreis. Jedoch ist dieser Reisevertrag dann ein Vertrag zugunsten Dritter i.S.v. § 328, damit die Familienangehörigen eigene Erfüllungsansprüche haben.

Somit ist A nur hinsichtlich der eigenen Person Vertragspartei des R geworden. R hat daher aus dem Reisevertrag mit A lediglich einen Anspruch auf den Reisepreis i.H.v. 998 €. Da der Sicherungsschein i.S.v. § 651 k seitens R übersandt worden ist, darf gemäß § 651 k Abs. 4 der Reiseveranstalter R den Reisepreis auch fordern.

Schuldnermehrheit:
1. Gesamtschuld:
- Jeder Schuldner haftet aufs Ganze; Gläubiger kann beliebig auswählen, vgl. § 421
- Interne Ausgleichspflicht gemäß § 426

2. Teilschuld:
- Jeder Schuldner haftet nur auf seinen Anteil, § 420 Var. 1
- Innenausgleich nicht erforderlich

3. Gemeinschaftliche Schuld:
- Alle Schuldner haften nur zusammen (= nicht geregelt!)
  - aus tatsächlichen Gründen (Gesangsquartett)
  - aus rechtlichen Gründen (Gesamthandsgemeinschaft, § 2040)
- Innenausgleich nicht erforderlich

B. Ein Anspruch R gegen A auf den Gesamtreisepreis von 9.980 € besteht gleichwohl, wenn aus den jeweiligen Reiseverträgen alle Reisenden als **Gesamtschuldner i.S.v. § 421** haften.

I. Gemäß § 421 kann der Gläubiger bei einer **Gesamtschuld** nach seinem Belieben einen Gesamtschuldner auf die Gesamtsumme in Anspruch nehmen. Wenn dieser Schuldner dann die gesamte Summe zahlt, hat er lediglich im Innenverhältnis einen Ausgleichsanspruch gegen die übrigen Gesamtschuldner aus § 426 Abs. 1.

II. Liegt hingegen eine **bloße Teilschuld i.S.v. § 420** vor, so verbleibt es bei dem Ergebnis, dass jeder Reisende nur den Reisepreis für die eigene Person, hier also jeweils 998 €, schuldet.

III. Fraglich ist daher, **welche Schuldart vorliegend** anzunehmen ist.

1. Eine **Gesamtschuld** kann **kraft Vereinbarung oder kraft Gesetzes** bestehen.

Eine ausdrückliche Vereinbarung oder gesetzliche Anordnung im Reiserecht (§§ 651 a ff.) liegt nicht vor.

2. Gemäß § 427 ist aber **im Zweifel eine Gesamtschuld** anzunehmen, wenn sich mehrere durch Vertrag gemeinschaftlich zu einer teilbaren Leistung verpflichtet haben.

Zwar handelt es sich bei der Verpflichtung zur Zahlung des Reisepreises um eine teilbare Leistung. Zu berücksichtigen ist aber, dass § 427 nur eine Auslegungsregel im Zweifelsfall darstellt. Es darf daher kein abweichender Wil-

105 OLG Düsseldorf MDR 2000, 576; OLG Frankfurt NJW-RR 2004, 1285; Palandt/Ellenberger § 164 Rn. 7.

le der Parteien feststellbar sein. Insbesondere aus den Gesamtumständen und der wirtschaftlichen Interessenlage kann sich ergeben, dass lediglich eine Teilschuld i.S.v. § 420 gewollt ist.

3. Hier war für den Reiseveranstalter R erkennbar, dass es sich um eine Gruppe von Studenten handelte. Insbesondere war erkennbar, dass es für den einzelnen Studenten nahezu unmöglich sein würde, im Sinne eines Gesamtschuldners die gesamte Summe allein zu erbringen. Besteht aber lediglich eine lockere Verbindung wie Bekanntschaft oder Nachbarschaft und geht es um erhebliche Verbindlichkeiten, so ist **erkennbar nur eine Teilschuld i.S.v. § 420 gewollt**.[106]

Ergebnis: R kann von A–J nur jeweils 998 € verlangen.

106 Palandt/Grüneberg § 427 Rn. 2.

Fall 32: Gemeinschaftliche Schuld

A hat von dem berühmten Künstler E das Bild „Inspirationen" am 01.07. gekauft. Er will es am 05.07. abholen und in bar bezahlen. Jedoch verstirbt E am 03.07. Die Erbengemeinschaft des E, bestehend aus der Ehefrau F sowie den (volljährigen) Kindern S und T, weigert sich nunmehr, das Bild auszuliefern. A begibt sich zu Rechtsanwalt R. Dieser überlegt, wen er auf Lieferung verklagen soll.

Anspruchserhebung bei Klage gegen Personenmehrheiten:

1. Klage gegen das Kollektiv ⇨ nur möglich, falls Kollektiv eine eigene Rechtsfähigkeit besitzt:
- juristische Person (z.B. GmbH, AG)
- Personengesellschaft (z.B. OHG, § 124 HGB)

2. Klage gegen die natürlichen Personen:
a) Statt Klage gegen das Kollektiv, falls dieses keine Rechtsfähigkeit hat (Erbengemeinschaft).
b) Sonst ggf. neben dem Kollektiv, z.B. gegen Gesellschafter, § 128 HGB.

A. In Betracht kommt eine **Klage gegen Miterbengemeinschaft.**

Eine Klage gegen die Miterbengemeinschaft als solche setzt voraus, dass diese eine eigene Rechtspersönlichkeit, ähnlich wie eine Gesellschaft, besitzt. Jedoch ist in den Vorschriften über die Miterbengemeinschaft, §§ 2032 ff., keine Rechtsfähigkeit angeordnet. Anders als eine Gesellschaft ist eine Miterbengemeinschaft auch nicht auf dauerhaften Zusammenhalt angelegt, sondern auf jederzeitige Auseinandersetzung, § 2042. Daher besitzt eine Miterbengemeinschaft keine Rechtsfähigkeit, sondern stellt nur die gedankliche Zusammenfassung aller Miterben dar. Demnach kann nicht Klage gegen die Miterbengemeinschaft als solche erhoben werden.

B. Somit muss **Klage gegen die einzelnen Miterben** als natürliche Personen erhoben werden.

I. Wenn alle Miterben für Nachlassverbindlichkeiten als **Gesamtschuldner** haften, wäre gemäß **§ 421** eine Klage gegen einen Miterben allein möglich.

1. Erforderlich ist das **Bestehen einer Nachlassverbindlichkeit i.S.v. § 1967.**

Da der Kaufvertrag zwischen A und dem Erblasser E geschlossen wurde, stellt der Lieferanspruch des A aus § 433 Abs. 1 eine Nachlassverbindlichkeit i.S.v. § 1967 dar.

2. Gemäß § 2058 haften **grundsätzlich alle Miterben als Gesamtschuldner**, sodass der Gläubiger sich einen Erben beliebig heraussuchen kann, welcher dann aufs Ganze haftet, vgl. § 421.

II. Etwas **anderes** gilt, **wenn eine sog. gemeinschaftliche Schuld vorliegt**. Diese ist in den §§ 420 ff. nicht ausdrücklich geregelt, ergibt sich jedoch aus der Natur der Verbindlichkeit und stellt insofern eine ungeschriebene Ausnahme zur Gesamtschuld dar: Sofern der einzelne Schuldner aus tatsächlichen oder rechtlichen Gründen nicht in der Lage ist, den Leistungsgegenstand i.S.e. Gesamtschuldners allein (also insgesamt) zu erbringen, liegt keine Gesamtschuld vor. Vielmehr müssen dann sämtliche Schuldner gemeinsam die Leistung erbringen, sog. gemeinschaftliche Schuld.

1. Eine gemeinschaftliche Schuld **aus tatsächlichen Gründen**, z.B. wie beim Gesangsduett, liegt hier nicht vor.

2. Jedoch könnte **aus rechtlichen Gründen** eine gemeinschaftliche Schuld gegeben sein.

a) Hier ist zu berücksichtigen, dass A gegen E einen Anspruch aus § 433 Abs. 1 auf Übereignung des Originalbildes „Inspirationen" hat. Gemäß § 1922 ging mit dem Tod des E der gesamte Nachlass, also auch das Bild, automatisch im Wege der Gesamtrechtsnachfolge „als Ganzes" auf sämtliche Miterben über, sog. Universalsukzession. Daher waren alle Miterben im Zeitpunkt des Erbfalls automatisch zusammen Eigentümer des Nachlasses geworden, **sog. Gesamthandseigentum**. Demnach ist der einzelne Miterbe rechtlich gar nicht in der Lage, einen einzelnen Gegenstand aus dem Gesamthandsvermögen allein an A zu übereignen, **vgl. § 2040**. Somit besteht hier abweichend von § 2058 nur eine gemeinschaftliche Schuld.

b) Etwas **anderes gilt nur, wenn** es sich um eine **vertretbare Sache i.S.v. § 91** handelt, die der Erbe dann nicht unbedingt aus dem Nachlass liefern muss, sondern sich irgendwo besorgen kann (z.B. falls 20 Tuben Ölfarbe verkauft wurden). Da es sich vorliegend um ein Originalbild handelt, liegt diese Ausnahme nicht vor, sodass es bei der gemeinschaftlichen Schuld verbleibt.

Ergebnis: A muss daher gegen alle Miterben zusammen klagen, wodurch prozessual eine sog. notwendige Streitgenossenschaft i.S.v. § 62 ZPO entsteht.

Unterscheide:

1. Miteigentum:
⇨ sog. Bruchteilsgemeinschaft, §§ 741 ff.
- Jeder hat einen Eigentumsanteil (Bruchteil), über den er allein frei verfügen kann, § 747.
- Über die gesamte Sache können nur alle gemeinsam verfügen.

2. Gesamthandseigentum:
⇨ Erbengemeinschaft oder Ehegatten in Gütergemeinschaft bzgl. Gegenständen aus dem gemeimsamen Vermögen
- Eigentum zur gesamten Hand = allen gehört alles, aber nur zusammen, d.h. begrenzt durch die Berechtigung der anderen, sodass Anteilsübertragung allein nicht möglich.
- Übertragung des Anteils (und erst Recht der gesamten Sache) nur gemeinsam möglich, § 1423, § 2040.

Fall 33: Innenausgleich unter Gesamtschuldnern

A hat ein feines italienisches Restaurant eröffnet. Hierzu musste er ein Darlehen i.H.v. 50.000 € bei der B-Bank aufnehmen. Da A keine eigenen Sicherheiten stellen konnte, hatte er seinen Vater V und seinen Onkel O gebeten, sich für ihn zu verbürgen. V und O hatten daher bei der B-Bank eine selbstschuldnerische Mitbürgschaft über 50.000 € unterschrieben. Als A sich bei Fälligkeit des Darlehens außerstande sieht, dieses zurückzuzahlen, verlangt die B-Bank von V 50.000 €. V meint, er schulde nur 25.000 €, da sich die Bank den Rest von O holen müsse.

1. Kann die B-Bank von V 50.000 € verlangen?
2. Kann V, falls er 50.000 € an die Bank zahlt, von O Ausgleich verlangen?

Frage 1: Anspruch der B-Bank gegen V auf 50.000 €

Die B-Bank könnte gegen V einen Anspruch auf 50.000 € aus **§ 765** haben.

A. Der **Anspruch** muss **entstanden** sein.

I. Erforderlich ist ein wirksamer Bürgschaftsvertrag i.S.d. §§ 765, 769.

1. Dies setzt eine **Einigung i.S.v. §§ 765, 769** voraus.

Die B-Bank und V haben sich über eine Bürgschaft i.S.v. § 765 geeinigt. Da V sich neben O als Mitbürge verpflichtet hat, gilt § 769. Hiernach haften Mitbürgen nicht als Teilschuldner, § 420 (hier auf je 25.000 €), sondern als Gesamtschuldner jeweils aufs Ganze (hier 50.000 €), vgl. § 421.

2. Die **Form** des **§ 766** müsste gewahrt sein.

Die Bürgschaftserklärung des V erfolgte schriftlich und ist damit formgerecht erfolgt.

II. Erforderlich ist weiter das **Bestehen der zu sichernden Forderung**

Weil die Bürgschaft mit der zu sichernden Forderung akzessorisch verknüpft ist, vgl. § 767, muss die hier abzusichernde Darlehensforderung der B-Bank gegen A aus § 488 bestehen. Diesbezüglich bestehen keine Bedenken.

Somit ist der Bürgschaftsanspruch aus §§ 765, 769 auf 50.000 € entstanden.

B. Untergangsgründe für die Bürgschaft oder für die zu sichernde Forderung (auch insofern ist die Bürgschaft akzessorisch, § 767!) **bestehen nicht.**

C. Fraglich ist die **Durchsetzbarkeit** der Bürgschaft.

I. Grundsätzlich steht der Durchsetzbarkeit der Bürgschaft gemäß § 771 die Einrede der Vorausklage entgegen.

II. Die Einrede entfällt jedoch, da V eine **selbstschuldnerische Bürgschaft** übernommen hat, § 773 Nr. 1. Somit besteht ein durchsetzbarer Anspruch der B-Bank gegen V auf 50.000 € aus §§ 765, 769.

Gesamtschuldnerausgleich im Innenverhältnis:

1. Aus § 426 Abs. 1:
- Grds: Anteiliger Ausgleichsanspruch
- Ausnahme: Andere Bestimmung:
  - aus Vertrag
  - aus Gesetz, z.B. § 840 Abs. 2; § 254 analog

2. Aus übergangenem Recht i.V.m. § 426 Abs. 2:
- § 426 Abs. 2 lässt den Anspruch des Gläubigers gegen den anderen Gesamtschuldner übergehen (cessio legis).
- Quote aus Abs. 1 ist zu übernehmen (vgl. Wortlaut des § 426 Abs. 2 „soweit ...").

Frage 2: Ausgleichansprüche V gegen O

A. V könnte gegen O einen Anspruch i.H.v. 25.000 € aus **§ 426 Abs. 1 i.V.m. § 774 Abs. 2** haben.

I. Bereits aus § 769 folgt, dass Mitbürgen Gesamtschuldner sind. Des Weiteren ordnet § 774 Abs. 2 ausdrücklich an, dass der Innenausgleich über den Gesamtschuldnerausgleich gemäß § 426 erfolgt.

II. Fraglich ist, welche **Haftungsquote im Innenverhältnis** der Mitbürgen gilt.

Klausurtipp:
Innenausgleich zwischen zwei Schädigern: Als „andere Bestimmung" i.S.v. § 426 Abs. 1 wendet die h.M., sofern keine Sonderregelungen bestehen, § 254 analog an und kann dementsprechend je nach Verursachungsbeitrag eine gerechte Quote bilden.

1. Gemäß § 426 Abs. 1 S. 1 haften Gesamtschuldner im Innenverhältnis **grundsätzlich zu gleichen Teilen**, somit hier auf je 25.000 €.

2. Etwas **anderes gilt** gemäß § 426 Abs. 1 S. 1, **wenn eine anderweitige Bestimmung eingreift**.

Eine anderweitige Bestimmung, wie z.B. in § 840 Abs. 2, ist für Mitbürgen gesetzlich nicht vorgesehen. Es ist auch nicht ersichtlich, dass V und O für den Innenausgleich Abweichendes vereinbart haben.

Somit verbleibt es bei der hälftigen Quote. Damit hat V gegen O einen Ausgleichsanspruch aus § 426 Abs. 1 auf 25.000 €.

B. Es könnte ein Anspruch des V gegen O auf 25.000 € aus übergegangener Bürgschaft gemäß **§ 765 i.V.m. § 426 Abs. 2** bestehen.

Klausurtipp:
§ 426 Abs. 2 ist keine Anspruchsgrundlage, sondern ordnet nur an, dass der Anspruch des Gläubigers gegen den anderen Schuldner übergeht. Also ist zu prüfen: „Anspruch aus übergegangenem Recht i.V.m. § 426 Abs. 2".

I. Gemäß § 426 Abs. 2 geht bei Zahlung eines Gesamtschuldners (hier V) der Anspruch des Gläubigers (B-Bank) gegen den anderen Gesamtschuldner (O), hier aus Bürgschaft, § 765, auf den zahlenden Gesamtschuldner (V) über. Es handelt sich um einen **automatischen Übergang per Gesetz, sog. cessio legis**.

II. Gemäß **§ 426 Abs. 2 S. 1 Hs. 1** findet der Anspruchsübergang jedoch **nur „insoweit"** statt, wie der Gesamtschuldner Ausgleich zu verlangen vermag. Hiermit nimmt Abs. 2 wieder Bezug **auf die Quote des Ausgleichsanspruchs aus § 426 Abs. 1**. Somit ist hier ein Anspruchsübergang i.H.v. 25.000 € erfolgt.

Es besteht daher ein Anspruch V gegen O aus übergegangener Bürgschaft gemäß §§ 765, 426 Abs. 2 i.H.v. 25.000 €. Der Anspruch kann wahlweise statt des Anspruchs aus § 426 Abs. 1 von V gegen O geltend gemacht werden.

Anmerkung: *Der Anspruchsübergang gemäß § 426 Abs. 2 macht wirtschaftlich dann Sinn, wenn der übergegangene Anspruch noch durch (weitere) akzessorische Sicherheiten abgesichert ist. Diese würden dann gemäß § 401 i.V.m. § 412 ebenfalls auf den zahlenden Gesamtschuldner übergehen. Hierdurch gewinnt er weitere Schuldner für seinen Ausgleichsanspruch.*

10. Teil: Schuldübernahme, §§ 414 ff.

Fall 34: Befreiende Schuldübernahme

Die B-Bräu belieferte seit Jahren aufgrund eines Bierlieferungsvertrags den Gastwirt G. Aufgrund von Kapazitätsschwierigkeiten aufseiten der B-Bräu vereinbart deren Inhaber B mit C, dem Inhaber der C-Bräu, dass diese ab 01.07. die Belieferung des G übernimmt. B versprach C hierfür als Gegenleistung, die Kaufpreiszahlungen des G direkt nach Eingang bei B an C weiterzuleiten. Als C am 01.07. bei G ausliefert und ihn über seine Absprache mit B unterrichtet, entgegnet G, es sei ihm prinzipiell egal, wer ausliefere, Hauptsache die Qualität stimme. Alsdann testet er das von der C-Bräu hergestellte Bier und äußert, das Bier sei „gut komponiert". Nach einiger Zeit gibt es jedoch Unstimmigkeiten zwischen C und B, weil C der Auffassung ist, dass B die Kaufpreiszahlungen des G nur verzögert weiterleite.

1. Von wem kann G weitere Lieferungen verlangen?

2. Was gilt, wenn C den Übernahmevertrag mit B wegen arglistiger Täuschung angefochten hat?

Einbeziehung Dritter:
1. Auf Gläubigerseite:
a) Von Anfang an: Vertrag zugunsten Dritter, §§ 328 ff.
b) Später: Durch **Abtretung, § 398**
- Es wird nur einzelner Anspruch übertragen, § 398 S. 2.
- Vertragsverhältnis bleibt zwischen Altgläubiger und Schuldner bestehen (= Unterschied zur Vertragsübernahme).

2. Auf Schuldnerseite:
a) Von Anfang an: Vertrag zulasten Dritter ist unzulässig.
b) Später:
- Durch **Vertragsübernahme** (nicht geregelt)
  - komplettes Vertragsverhältnis geht über
  - dreiseitiger Vertrag Gläubiger–Schuldner–Dritter erforderlich
- **Befreiende (privative) Schuldübernahme**, §§ 414 ff.
  - Vertragsverhältnis bleibt bei Gläubiger–Schuldner

Frage 1: Lieferansprüche des G

A. Dem G könnte gegen B ein Lieferanspruch aus **§ 433 Abs. 1 i.V.m. § 651** zustehen.

I. Mit Abschluss des Werklieferungsvertrags i.S.v. § 651 zwischen B und G ist der Anspruch auf Belieferung des von B herzustellenden Bieres sukzessive, je nach Bedarf des G aus § 433 Abs. 1 **entstanden**, sog. Sukzessivlieferungsvertrag.

II. Der **Anspruch** könnte **untergegangen** sein.

1. Durch Vertragsübernahme des C könnte der Anspruch untergegangen sein.

Das Institut der Vertragsübernahme ist gesetzlich nicht geregelt, entspricht aber der Vertragsfreiheit. Voraussetzung hierfür ist ein **dreiseitiger Vertrag** zwischen Gläubiger und altem Vertragspartner mit dem neuen Vertragspartner, dass Letzterer das komplette Vertragsverhältnis übernimmt. Hier sollte C jedoch lediglich die Belieferung übernehmen. Die Kaufpreiszahlung sowie sonstige vertragliche Pflichten sollten weiterhin im ursprünglichen Vertragsverhältnis zwischen G und B verbleiben. Somit sollte eine Übernahme des kompletten Vertragsverhältnisses durch C nicht erfolgen.

2. In Betracht kommt aber ein Untergang durch **befreiende (privative) Schuldübernahme, §§ 414 ff.**

Soll das Vertragsverhältnis zwischen dem Gläubiger und dem ursprünglichen Schuldner bestehen bleiben und lediglich eine Leistungsverpflichtung übernommen werden, kommt eine Schuldübernahme in Betracht.

a) Die befreiende Schuldübernahme ist zu **unterscheiden von der bloßen Erfüllungsübernahme**: Die Erfüllungsübernahme ist lediglich eine Abrede im Innenverhältnis Schuldner zu Drittem, dass dieser die Erfüllung gegenüber dem Gläubiger übernimmt. Dem Gläubiger stehen hieraus aber keine unmittelbaren Ansprüche gegen den Dritten zu. Bei der befreienden Schuldübernahme hingegen wird der ursprüngliche Schuldner mit Außenwirkung von seiner ursprünglichen Leistungspflicht gegenüber dem Gläubiger frei. Da hierdurch der Gläubiger seinen Anspruch gegen den ursprünglichen Schuldner verliert, muss er hieran beteiligt sein.

Hier war nicht nur eine bloße Übernahme der Erfüllung der Lieferpflicht durch C im Innenverhältnis zu B gewollt, sondern eine den B befreiende Schuldübernahme mit Außenwirkung gegenüber dem Gläubiger G.

b) Mitwirkung des Gläubigers G

Aufgrund der Außenwirkung muss aber der **Gläubiger G mitgewirkt haben**. Die Mitwirkung des Gläubigers kann auf verschiedene Weise erfolgen:

aa) Zum einen kann ein **Vertrag zwischen Gläubiger und neuem Schuldner gemäß § 414** geschlossen werden.

Zwischen dem Gläubiger und dem neuen Schuldner muss ein Vertrag geschlossen werden, wonach der neue Schuldner an die Stelle des bisherigen Schuldners tritt. Eine Mitwirkung des bisherigen Schuldners ist dann nicht erforderlich.

bb) Zum anderen kann eine **Genehmigung des Gläubigers gemäß § 415** erfolgen.

Zwischen dem Altschuldner und dem neuen Schuldner wird ein Übernahmevertrag geschlossen. Der Neuschuldner oder der Altschuldner teilt dann dem Gläubiger die Schuldübernahme mit, welcher diese genehmigt.

Vorliegend zeigt die Äußerung des G, es sei ihm „egal", dass er mit C keinen Vertrag i.S.v. § 414 schließen wollte. Andererseits könnte der Übernahmevertrag zwischen dem ursprünglichen Schuldner B und dem neuen Schuldner C durch G am 01.07. gemäß § 415 genehmigt worden sein.

Die Genehmigung kann nach allgemeinen Grundsätzen auch konkludent erfolgen. Es muss jedoch der Wille des Gläubigers, den ursprünglichen Schuldner aus der Haftung für die Leistung zu entlassen, deutlich zum Ausdruck gebracht werden, weshalb bei § 415 ein bloßes Schweigen des Gläubigers nicht genügt.[107] Hier hat G deutlich zum Ausdruck gebracht, dass er mit einer Lieferung durch C einverstanden ist. Damit hat G konkludent i.S.v. § 415 genehmigt.

Folge: Aufgrund der somit wirksamen befreienden Schuldübernahme des C ist daher der Anspruch G gegen B auf Lieferung untergegangen.

B. Ein Lieferanspruch des G gegen C könnte sich aus **§ 433 Abs. 1 i.V.m. § 651** ergeben.

I. Mit wirksamer befreiender Schuldübernahme des C gemäß § 415 ist der Anspruch des G gegen C auf Belieferung ab 01.07. aus § 433 Abs. 1 **entstanden.**

- Dritter übernimmt die Schuld des Schuldners, welcher gegenüber Gläubiger frei wird
- Mitwirkung des Gläubigers erforderlich:
  -- § 414: Vertrag Gläubiger–Dritter
  -- § 415: Vertrag Schuldner–Dritter mit Zustimmung des Gläubigers

- **Bloße Erfüllungsübernahme**
- lediglich interne Abrede zwischen Schuldner und Drittem
- keine Außenwirkung gegenüber Gläubiger (= Unterschied zur befreienden Schuldübernahme)

- **Schuldbeitritt**
- Dritter tritt lediglich neben den bisherigen Schuldner (= Unterschied zur befreienden Schuldübernahme),
- hierdurch haften beide gegenüber dem Gläubiger als Gesamtschuldner, §§ 421 ff.

107 Palandt/Grüneberg § 415 Rn. 5.

II. Fraglich ist, inwiefern die **Einwendungen des C** entgegenstehen.

C macht hier Unstimmigkeiten aus dem Übernahmevertrag mit B, also aus dem Innenverhältnis zwischen C und B geltend.

Gemäß § 417 Abs. 2 kann aber der neue Schuldner Einwendungen aus dem der Schuldübernahme zugrunde liegenden Rechtsverhältnis mit dem bisherigen Schuldner dem Gläubiger gegenüber nicht vorbringen. Somit ist C weiterhin zur Lieferung an G verpflichtet.

Anmerkung: *Der neue Schuldner kann hingegen gemäß § 417 Abs. 1 Einwendungen aus dem Rechtsverhältnis zwischen Gläubiger und bisherigem Schuldner entgegensetzen, weil er als Schuldübernehmer ja akzessorisch hierzu haftet. So kann z.B. der neue Schuldner geltend machen, dass der Anspruch des Gläubigers gegen den ursprünglichen Schuldner verjährt sei.*

Frage 2: Rechtslage, falls C anficht

G könnte gegen C aus **§§ 433 Abs. 1, 651 i.V.m. § 415** ein Lieferanspruch zustehen.

I. Der **Anspruch** ist **an sich** mit wirksamer Schuldübernahme gemäß § 415 ab 01.07. gegen C **entstanden** (s.o.).

Anfechtung gemäß § 123:

1. Wegen arglistiger Täuschung:

a) Wer hat getäuscht?

- Vertragspartner (oder sein Stellvertreter/ Bote)?
- Dritter = völlig Außenstehender ⇨ dann Kenntnis/Kennenmüssen des Vertragspartners erforderlich, § 123 Abs. 2

b) Wie wurde getäuscht?

- aktives Tun
- Unterlassen, wenn Aufklärungspflicht aus §§ 242, 241 Abs. 2

c) Subjektiv: Vorsatz erforderlich

2. Wegen widerrechtlicher Drohung

- durch Vertragspartner
- oder Dritten ⇨ keine Einschränkungen gemäß § 123 Abs. 2, da dieser nur für Täuschung gilt!

3. Anfechtungsfrist: § 124

II. Der Anspruch könnte jedoch **durch** die **Anfechtung** des C **gemäß §§ 123, 142 rückwirkend entfallen** sein.

1. Eine **Anfechtungserklärung** des C liegt vor, **§ 143**.

2. Fraglich ist das **Vorliegen eines Anfechtungsgrundes**. G selbst hat nicht getäuscht, sondern B. Wegen **§ 123 Abs. 2** ist daher zu unterscheiden:

a) Handelt es sich um eine Schuldübernahme nach § 414 durch Vertrag zwischen dem Gläubiger und neuem Schuldner, so ist der ursprüngliche Schuldner außenstehender Dritter i.S.v. § 123 Abs. 2. Hiernach kann der neue Schuldner den Übernahmevertrag mit dem Gläubiger nur anfechten, wenn der Gläubiger die Täuschung des ursprünglichen Schuldners kannte und kennen musste.

b) Handelt es sich um eine Schuldübernahme nach § 415 durch Vertrag zwischen dem ursprünglichen Schuldner und dem neuen Schuldner, welcher Wirksamkeit erst durch die Genehmigung des Gläubigers erlangt, so ist fraglich, ob der ursprüngliche Schuldner noch als außenstehender Dritter i.S.v. § 123 Abs. 2 anzusehen ist, weil er selbst Vertragspartei ist.

aa) Nach wohl h.M.[108] ist § 123 Abs. 2 bei einer Schuldübernahme nach § 415 unanwendbar. Der ursprüngliche Schuldner könne nicht als Dritter angesehen werden, weil er kein völlig Außenstehender sei. Schließlich genehmige der Gläubiger im Fall des § 415 den Vertrag zwischen ursprünglichem und neuem Schuldner.

Somit würden hier nicht die Einschränkungen des § 123 Abs. 2 gelten, sodass eine Anfechtung des C wegen arglistiger Täuschung gemäß § 123 Abs. 1 möglich wäre.

108 Palandt/Grüneberg § 417 Rn. 3.

bb) Teilweise[109] wird auch im Fall des § 415 bei arglistiger Täuschung durch den ursprünglichen Schuldner § 123 Abs. 2 zumindest analog angewandt. Denn der Gläubiger dürfe im Fall des § 415 nicht schlechter stehen als in dem des § 414.

Da hier für G die arglistige Täuschung durch B nicht erkennbar war, würde nach dieser Auffassung eine Anfechtung gemäß § 123 Abs. 2 scheitern.

cc) Stellungnahme: Für die h.M. spricht, dass der Begriff des Dritten i.S.v. § 123 Abs. 2 eng auszulegen ist. Ferner ist der Gläubiger nicht besonders schutzwürdig, da er zwar durch die Anfechtung der Schuldübernahme rückwirkend gemäß § 142 seinen Anspruch gegen den Schuldübernehmer C verliert. Jedoch behält er den Erfüllungsanspruch gegen den ursprünglichen Schuldner, da es infolge der Anfechtung ja so anzusehen ist, als wäre nie eine Schuldübernahme erfolgt.

Ergebnis: Somit besteht lediglich ein Anspruch G gegen B aus §§ 433 Abs. 1, 651.

109 Grigoleit/Herresthal Jura 2002, 400.

11. Teil: Abtretung, §§ 398 ff.

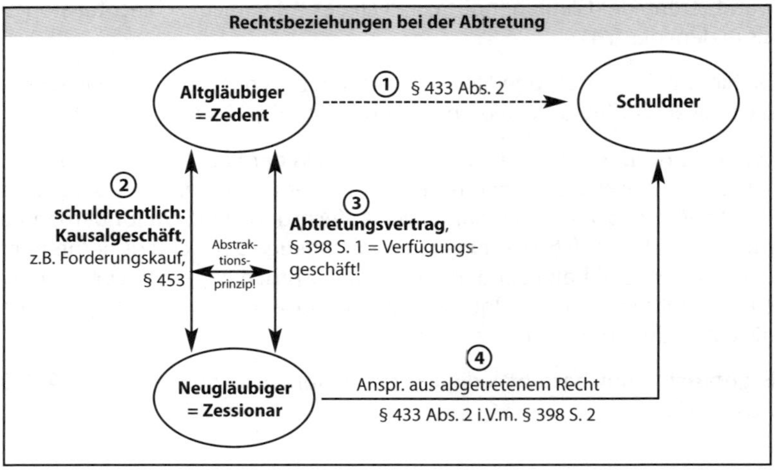

Abtretung, §§ 398 ff.

1. Wirksame Einigung

a) Einigung Altgläubiger (Zedent) und Neugläubiger (Zessionar) über die Übertragung der Forderung (⇨ Verfügungsgeschäft)

b) Bestimmtheit der Einigung ⇨ auch künftige/ bedingte Ansprüche

c) Form

- Grundsätzlich keine Form erforderlich.
- Ausnahme: z.B. § 1154

d) Wirksamkeit:

- § 134
- § 138

2. Berechtigung des Abtretenden (Zedent)

- Zedent muss Inhaber der Forderung und verfügungsbefugt sein.
- Falls nicht: Abtretung gescheitert, da gutgläubiger Erwerb einer nicht existierenden Forderung nicht möglich (gewisse Ausnahme: § 405).

Fall 35: Abtretung, Verteidigungsmöglichkeiten des Schuldners

A beliefert S, den Inhaber einer Bäckerei, ständig mit Mehl. Nach dem Vertrag zwischen A und S wird monatlich abgerechnet. Um einen Liquiditätsengpass zu beseitigen, verkauft A „sämtliche Forderungen an den Inkassounternehmer I". Ferner unterzeichnet er eine Abtretungsurkunde mit folgendem Inhalt: „Hiermit trete ich sämtliche Forderungen gegen S, auch künftige, an I ab". Anschließend legt I dem S eine Kopie des von A unterschriebenen Abtretungsformulars vor und verlangt ab sofort Zahlung an sich. S macht geltend, A habe ihm die Kaufpreiszahlung für zwei Monate gestundet. Im Übrigen seien weitere Kaufpreisraten ohnehin noch nicht entstanden, da ja A noch nicht weiter geliefert habe. Hilfsweise erklärt S die Aufrechnung gegenüber I mit einer Forderung auf Ersatz von Verzögerungsschäden i.H.v. 1.000 €, die er im Vorjahr gegen A erlangt habe, weil dieser ihn zu spät beliefert habe. I entgegnet, mit diesen, von A geschaffenen Umständen habe er nichts zu tun.

1. Kann I von S Zahlung, auch für künftige Lieferungen des A, verlangen?

2. S möchte zurücktreten, da er in letzter Zeit trotz zahlreicher Reklamationen nur noch mangelhaftes Mehl erhalten hat. S fragt, wem gegenüber er den Rücktritt erklären muss.

Frage 1:

I könnte gegen S einen Kaufpreiszahlungsanspruch aus abgetretenem Recht gemäß **§ 433 Abs. 2 i.V.m. § 398 S. 2** haben.

A. Der **Kaufpreisanspruch** müsste für I als Zweiterwerber **entstanden** sein.

I. Dies setzt eine **wirksame Abtretung i.S.v. § 398 S. 1** voraus.

Der Kaufpreisanspruch ist für I entstanden, falls eine wirksame Abtretung des Anspruchs von A an I erfolgt ist, § 398 S. 1.

1. Erforderlich ist eine **wirksame Einigung zwischen A (Zedent) und I (Zessionar) über die Abtretung des Kaufpreisanspruchs.**

a) § 398 S. 1 setzt eine **Einigung zwischen Zedent und Zessionar** mit dem Inhalt voraus, dass die Forderung übertragen sein soll (Verfügungsgeschäft).

Hier hat I lediglich eine Abtretungsurkunde mit der Unterschrift von A vorgelegt, was auf eine bloß einseitige Willenserklärung des A hindeuten könnte. Andererseits kann die Annahmeerklärung durch I durchaus konkludent erfolgen, zumal das Abtretungsrecht in §§ 398 ff. grundsätzlich keine Form vorsieht. Spätestens durch Entgegennahme der von A unterschriebenen Abtretungsurkunde seitens I ist damit eine konkludente Annahmeerklärung erfolgt. Mithin liegt eine Einigung i.S.v. § 398 S. 1 zwischen A und I vor.

b) Erforderlich ist die **Bestimmtheit der Einigung.** Die Abtretungsvereinbarung ist unwirksam, wenn sie zu unbestimmt ist. Hier ist zu berücksichtigen, dass nicht nur der aktuelle Kaufpreisanspruch A gegen S, sondern auch die zukünftigen Kaufpreisansprüche aus zukünftigen Belieferungen abgetreten sein sollten. Jedoch ist anerkannt, dass auch zukünftige Ansprüche abtretbar sind, sofern der Rechtsgrund sowie die Parteien hinreichend bestimmt sind, was vorliegend der Fall ist.

Die Verwendung der Formulierung „sämtliche Forderungen" stellt klar, dass hier alle Forderungen des A gegen S aus der Geschäftsbeziehung abgetreten werden, was ebenfalls ausreichend bestimmt ist.

2. Hinsichtlich der **Wirksamkeit der Einigung** gelten die allgemeinen Nichtigkeitsgründe. Hier bestehen keine Anhaltspunkte für eine etwaige Nichtigkeit der Einigung nach §§ 134, 138.

Klausurtipp:
Die Abtretung ist nach § 134 nichtig, wenn sie gegen Geheimhaltungspflichten verstößt. Z.B.: Arzt tritt seine Zahlungsansprüche gegen Privatpatienten ab – Verstoß gegen die ärztliche Schweigepflicht aus § 203 StGB. Ein Verstoß gegen § 138 wegen Sittenwidrigkeit kommt in Betracht bei Knebelung sowie Verleitung zum Vertragsbruch.

II. Die **Berechtigung des Zedenten** besteht, falls er verfügungsbefugter Inhaber der abzutretenden Forderung ist.

Da hier A aufgrund des wirksamen Kaufvertrags mit S Inhaber der (aktuellen) Kaufpreisforderung war, ist er grundsätzlich berechtigt zur Abtretung. Verfügungsbeschränkungen sind nicht ersichtlich. Auch ein Abtretungsverbot i.S.v. § 399 ist nicht zu erkennen.

III. Damit liegt eine wirksame Abtretung von A an I vor, sodass die gegenwärtige Kaufpreisforderung sowie die zukünftigen Kaufpreisforderungen auf I **übergegangen** sind, **§ 398 S. 2**. Hinsichtlich der zukünftigen Kaufpreisforderungen ist aber zu beachten, dass die Abtretung letztlich erst dann wirksam wird, wenn diese Forderungen auch tatsächlich entstehen.

B. Fraglich ist, ob der **Anspruch durch Aufrechnung des S gemäß § 389 untergegangen** ist.

I. Eine **Aufrechnungserklärung des S, § 388**, liegt vor.

II. Es müsste eine **Aufrechnungslage i.S.v. § 387** bestehen.

1. Dies erfordert eine **Gegenseitigkeit der Forderungen.**

Da hier S gegenüber I mit einer Forderung, die er gegen A hat, aufrechnet, fehlt die Gegenseitigkeit der Forderungen i.S.v. § 387.

2. Die fehlende Gegenseitigkeit könnte aber durch **§ 406** überwunden werden.

Da der Schuldner durch die Abtretung, an der er ja nicht beteiligt ist, keine Nachteile haben soll, kann er gleichwohl aufrechnen, wenn die Voraussetzungen des § 406 vorliegen.

Wirkung von Rechtsgeschäften:

- **Dingliche** Rechtsgeschäfte wirken **absolut**, d.h. gegenüber jedermann.
- **Schuldrechtliche** Rechtsgeschäfte wirken nur **relativ**, d.h. nur zwischen den Vertragsparteien; Ausnahme: §§ 404 ff., 768, 1137, 1157.

Hiernach kann der Schuldner S eine ihm gegenüber dem bisherigen Gläubiger A zustehende Forderung auch gegenüber dem neuen Gläubiger I zur Aufrechnung verwenden, es sei denn, dass er bei Erwerb seiner Forderung bereits von der Abtretung Kenntnis hatte oder dass seine Forderung erst nach Erlangung der Kenntnis und später als die abgetretene Forderung fällig geworden ist. Hier liegen beide Ausnahmen nicht vor. Somit kann S trotz fehlender Gegenseitigkeit der Forderungen mit seiner Schadensersatzforderung aus § 280 Abs. 1, Abs. 2 i.V.m. § 286 i.H.v. 1.000 € aufrechnen.

3. Die **übrigen Voraussetzungen des § 387** (Gleichartigkeit, Erfüllbarkeit der Hauptforderung sowie Durchsetzbarkeit der Gegenforderung) liegen vor.

Somit ist der Kaufpreisanspruch des I durch Aufrechnung gemäß § 389 i.H.v. 1.000 € untergegangen.

Unterscheide:

1. Einwendungen:

- **rechtshindernde:** Verhindern von Anfang an, dass der Anspruch entsteht = anfängliche Nichtigkeitsgründe, z.B. § 105, 134, 138.
- **rechtsvernichtende:** Vernichten den zunächst einmal entstandenen Anspruch = Untergangsgründe, z.B. §§ 362, 389. ⇨ Einwendungen werden im Prozess von Amts wegen berücksichtigt.

2. Einreden

- **rechtshemmend**, da sie die Durchsetzbarkeit des Anspruchs hemmen, §§ 214, 322 ⇨ werden im Prozess nur berücksichtigt, wenn der Schuldner Einrede erhebt.

C. Fraglich ist die **Durchsetzbarkeit der restlichen Forderung.** Die Durchsetzbarkeit der Restforderung wäre zurzeit gehemmt, wenn S insofern die Einrede der Stundung erheben kann.

I. S hat die Stundung mit dem ursprünglichen Gläubiger A vereinbart. Da derartige schuldrechtliche Abreden **nur relative Wirkung** zwischen den Vertragsparteien haben, wirkt diese Einrede an sich nicht gegenüber dem neuen Gläubiger.

II. Jedoch könnte **Einredeerhalt gemäß § 404** bestehen:

Der Schuldner soll durch die Abtretung keine Nachteile haben. Deswegen kann der Schuldner S auch gegenüber dem Neugläubiger I gemäß § 404 Einreden aus dem ursprünglichen Verhältnis geltend machen. Der Wortlaut des § 404, der nur von Einwendungen spricht, ist ungenau und gilt auch für Einreden.

Folge: Somit ist die Restforderung i.H.v. 2.000 € zurzeit wegen der von S erhobenen Stundungseinrede nicht durchsetzbar.

Frage 2:

Fraglich ist, gegenüber wem S den **Rücktritt** wegen Sachmangels erklären muss.

I. S hat aufgrund mangelhafter Lieferungen ein **Rücktrittsrecht aus § 437 Nr. 2 Var. 1 i.V.m. § 323**.

II. Fraglich ist der **Adressat der Rücktrittserklärung i.S.v. § 349.**

Fraglich ist, ob der Rücktritt gegenüber dem Zessionar I oder gegenüber dem Zedenten A als Adressat erklärt werden muss. Da durch die Abtretung des A an I lediglich der Kaufpreisanspruch von A auf I übertragen wurde, bleibt das Vertragsverhältnis (Kaufvertrag) mit sämtlichen sonstigen Rechten und Pflichten zwischen den ursprünglichen Vertragsparteien, hier also zwischen A und S, bestehen. Insofern unterscheidet sich die Abtretung von dem Institut der Vertragsübernahme, bei dem das gesamte Vertragsverhältnis übertragen wird. Da somit der Zedent A nach wie vor Vertragspartner des S geblieben ist, muss S den Rücktritt gegenüber A erklären.

Anmerkung: *Will umgekehrt der Zedent von dem Kaufvertrag zurücktreten, so ist dies nach h.M. nur mit Zustimmung des Zessionars möglich, weil sonst der Zedent die Rechtsposition des Zessionars einseitig zerstören würde.*[110]

110 Palandt/Grüneberg § 398 Rn. 20.

Fall 36: Rechtsfolgen der Zahlung

A hat gegen S eine Kaufpreisforderung i.H.v. 1.000 €. Er tritt diese an B ab. A schickt dem S eine Abtretungsanzeige. Aus ungeklärten Gründen gelangt diese jedoch nicht zu S. Als B später Zahlung der 1.000 € von S verlangt, verweist S darauf, dass er in Unkenntnis der Abtretung die 1.000 € an A überwiesen habe. B möge sich daher an A halten.

Zu Recht?

A. Ein Anspruch auf Zahlung des Kaufpreises des B gegen S aus abgetretenem Recht könnte sich aus **§§ 433 Abs. 2, 398 S. 2** ergeben.

I. Ein **Anspruch des B entsteht** mit wirksamer Abtretung, § 398.

1. Eine **wirksame Einigung über die Abtretung i.S.v. § 398 S. 1** zwischen A und B liegt vor.

2. Die **Berechtigung des Zedenten A** liegt, da er Inhaber des Kaufpreisanspruchs gegen S war, vor.

Damit ist der Anspruch für B aufgrund wirksamer Abtretung entstanden.

II. Der **Anspruch** könnte durch die Zahlung von S **untergegangen** sein.

1. In Betracht kommt **Untergang wegen Erfüllung, § 362.**

a) § 362 Abs. 1 setzt eine **Zahlung an den wahren Gläubiger** voraus. Aufgrund der Abtretung war nunmehriger Gläubiger der B. Hier hat aber S noch an A überwiesen.

b) Gemäß § 362 Abs. 2 gilt bei Leistung an Dritte § 185 entsprechend, sodass Erfüllung eintritt, wenn der wahre Gläubiger der Leistung an Dritte zustimmt. Hier hat der nunmehr wahre Gläubiger B keine Zustimmung dahingehend erteilt, dass der Schuldner S an den alten Gläubiger A leisten sollte.

Somit scheidet ein Untergang wegen Erfüllung gemäß § 362 aus.

2. Jedoch kommt **Schuldnerschutz gemäß § 407 Abs. 1** in Betracht.

Gemäß § 407 Abs. 1 muss jedoch der neue Gläubiger (B) eine Leistung des Schuldners an den bisherigen Gläubiger (A) gegen sich gelten lassen, es sei denn, dass der Schuldner die Abtretung kennt. Da hier die Abtretungsanzeige dem S nicht zugegangen ist, hatte er keine Kenntnis von der Abtretung. Es schadet nur Vorsatz; Fahrlässigkeit ist unerheblich, sodass es hier nicht darauf ankommt, aus welchen Gründen die Abtretungsanzeige i.S.v. § 409 nicht zugegangen ist.

Somit ist der Schuldner S gemäß § 407 gegenüber dem neuen Gläubiger B frei geworden.

Folge: Es besteht kein Kaufpreisanspruch des B gegen S aus § 433 Abs. 2 i.V.m. § 398.

B. Ein Anspruch B gegen A i.H.v. 1.000 € könnte sich aus **§ 816 Abs. 2** ergeben.

I. Fraglich ist, ob die **Voraussetzungen des § 816 Abs. 2** vorliegen.

1. Es muss zunächst **Nichtberechtigung des A** bestehen. Aufgrund der vorangegangenen Abtretung des A an B war A nicht mehr berechtigt, den Kaufpreis des S zu beanspruchen.

2. Ferner muss eine **Leistung eines anderen an den Nichtberechtigten** erfolgt sein. An den Nichtberechtigten A wurde eine Leistung durch S bewirkt, durch Überweisung der 1.000 €.

3. Diese muss **wirksam gegenüber dem wahren Berechtigten** sein.

Diese Leistung ist dem wahren Berechtigten, B, gegenüber, wie oben erörtert, wirksam gemäß § 407.

II. Rechtsfolge gemäß § 816 Abs. 2: Der Nichtberechtigte A ist zur Herausgabe des Geleisteten an den wahren Berechtigten B verpflichtet.

Somit muss A die 1.000 € an B überweisen.

Klausurtipp:
Da keine Leistung des B an A vorliegt, scheidet eine Leistungskondiktion aus § 812 Abs. 1 S. 1 Var. 1 erkennbar aus.
Die allgemeine Nichtleistungskondiktion aus § 812 Abs. 1 S. 1 Var. 2 ist hingegen subsidiär und daher grundsätzlich unanwendbar, wenn ein anderer, hier S, an A geleistet hat. § 816 hingegen enthält Spezialfälle der Nichtleistungskondiktion, allerdings gibt es dort keine Subsidiarität.

Fall 37: Doppelabtretung

A hat gegen S eine Kaufpreisforderung i.H.v. 3.000 €. Da er in wirtschaftlicher Bedrängnis ist, tritt er zur Sicherheit diese Forderung an seine Hausbank H ab. Anschließend drängt ihn ein weiterer Gläubiger, der B. A, dem seine finanzielle Lage peinlich ist, tritt die Forderung gegen S nunmehr an B ab. Dem S wird nur die Abtretung an B angezeigt. Später zahlt S an B 3.000 €. Nunmehr verlangt die H-Bank von dem S 3.000 €. Zu Recht?

Abwandlung: Was gilt, wenn A und S Kaufleute sind und seinerzeit in dem Kaufvertrag bzgl. der Kaufpreisforderung ein Abtretungsverbot vereinbart hatten?

Ein Anspruch der H-Bank gegen S i.H.v. 3.000 € aus abgetretenem Recht könnte sich aus **§§ 433 Abs. 2, 398 S. 2** ergeben.

A. Der **Anspruch** ist **für H-Bank entstanden, falls** eine **wirksame Abtretung i.S.v. § 398** vorliegt.

I. Eine **Einigung über die Abtretung** zwischen A und der H-Bank gemäß **§ 398 S. 1** ist erfolgt.

II. Fraglich ist aber die **Wirksamkeit der Einigung.**

1. Nach dem **Prioritätsprinzip** ist bei mehrfacher Abtretung die zeitlich erste Abtretung wirksam, hier also die Abtretung A an die H-Bank.

2. Diese erste Abtretung könnte aber nichtig sein wegen **Sittenwidrigkeit, § 138 Abs. 1,** aufgrund **Verleitung zum Vertragsbruch.**

Hier könnte die H-Bank billigend in Kauf genommen haben, dass A die Abtretung gegenüber seinem drängelnden Gläubiger B verschweigt und demzufolge versucht, noch einmal an B abzutreten. Dann hätte die H-Bank evtl. zum Vertragsbruch des A gegenüber B verleitet. Die Verleitung zum Vertragsbruch stellt eine typische Fallgruppe der Sittenwidrigkeit i.S.v. § 138 Abs. 1 dar. Jedoch ist hier ein derartiger Vorsatz der H-Bank nicht ersichtlich. Im Übrigen kommt eine Verleitung zum Vertragsbruch regelmäßig nur dann in Betracht, wenn sich die Bank sämtliche aktuellen und zukünftigen Forderungen abtreten lässt, sog. Globalzession. Dann ist ihr klar, dass für den Zedenten keine Forderung mehr übrig bleibt, die er an andere Gläubiger abtreten könnte, und nimmt den Vertragsbruch billigend in Kauf. Vorliegend ist aber eine Globalzession nicht ersichtlich, sodass Sittenwidrigkeit nicht gegeben ist.

Damit lag eine wirksame Abtretungsvereinbarung zwischen A und der H-Bank vor.

III. Es müsste die **Berechtigung des Zedenten A zur Abtretung** bestehen.

Da A Inhaber der Kaufpreisforderung gegen S war und auch kein Abtretungsverbot i.S.v. §§ 399 ff. greift, war A zur Zeit der Abtretung Berechtigter.

Somit liegt eine wirksame Abtretung von A an die H-Bank vor. Damit ist der Anspruch der H-Bank gegen S entstanden.

B. Es dürfte kein **Untergang des Anspruchs** eingetreten sein.

I. Ein **Untergang durch nachfolgende Abtretung A an B** ist **nicht erfolgt.**

Die nachfolgende Abtretung an B ist aufgrund des Prioritätsprinzips unwirksam (s.o.) und kann daher die Abtretung an die H-Bank nicht beeinflussen.

II. Jedoch könnte durch die **Zahlung S an B** der Anspruch **untergegangen** sein.

1. Da S nicht an den wahren Gläubiger, also die H-Bank, geleistet hat, scheidet Erfüllung gemäß **§ 362 Abs. 1** aus.

2. Bei Leistung an Dritte muss gemäß **§ 362 Abs. 2 i.V.m. § 185** eine Ermächtigung des wahren Gläubigers vorliegen. Da hier nach der Abtretung der wahre Gläubiger die H-Bank ist und diese keine Ermächtigung zur Zahlung an B erteilt hat, scheidet auch hiernach Erfüllung aus.

III. In Betracht kommt aber **Schuldnerschutz gemäß § 408.**

S wusste mangels Abtretungsanzeige i.S.v. § 409 nichts von der ersten Abtretung A an die H-Bank und hielt daher den aus seiner Sicht einzigen Abtretungsvorgang A an B für wirksam. S wird daher über § 408 Abs. 1 geschützt: Wenn eine abgetretene Forderung von dem bisherigen Gläubiger nochmals an einen Dritten (hier B) abgetreten wird und der Schuldner an den Dritten (B) leistet, so findet gemäß § 408 Abs. 1 die Vorschrift des § 407 gegenüber dem früheren Erwerber (hier H-Bank) entsprechende Anwendung. D.h., dass der S gegenüber der H-Bank frei geworden ist, als er gutgläubig an B gezahlt hat.

Die H-Bank muss sich aus § 816 Abs. 2 an B halten.

Ergebnis: Kein Anspruch der H-Bank gegen S.

Lösung der Abwandlung:

Ein Anspruch der H-Bank gegen S i.H.v. 3000 € könnte sich aus **§§ 433 Abs. 2, 398 S. 2** ergeben.

A. Der **Anspruch** ist **entstanden**, falls eine wirksame Abtretung i.S.v. § 398 S. 1 vorliegt.

I. Eine **Einigung zwischen A und der H-Bank** über die Abtretung **i.S.v. § 398 S. 1** ist erfolgt.

II. In Betracht kommt eine **Unwirksamkeit gemäß § 399 Var. 2.**

1. Da A und S seinerzeit ein **Abtretungsverbot** bzgl. der Kaufpreisforderung vereinbart hatten, ist an sich die Abtretung gemäß § 399 Var. 2 unwirksam.

2. Da aber **A und S Kaufleute** sind und es sich um eine Geldforderung handelt, ist gemäß **§ 354 a Abs. 1 S. 1 HGB** die Abtretung dennoch wirksam. Die Vorschrift ist gemäß § 354 a Abs. 1 S. 3 HGB auch nicht abdingbar. Somit ist die Abtretung A an die H-Bank gleichwohl wirksam und damit der Anspruch entstanden.

Eine Ausnahme gilt nur gemäß § 354 a Abs. 2 HGB, falls die abgetretene Forderung eine Kreditforderung der Bank gegen einen Kaufmann darstellt; dann hindert ein vereinbartes Abtretungsverbot doch die Abtretung.

B. Fraglich ist, ob der Anspruch untergegangen ist.

I. Die nachfolgende Abtretung A an B ist wegen des **Prioritätsprinzips** unwirksam und bewirkt daher keinen Untergang (s.o. Ausgangsfall).

II. Jedoch ist der **Schuldner S gemäß § 408** frei geworden (s.o. Ausgangsfall).

Ergebnis: Kein Anspruch der H-Bank gegen den S.

STICHWORTVERZEICHNIS

Die Zahlen verweisen auf die Seiten.